I FIGLI DEL GATTO MAU

La storia del gatto di razza

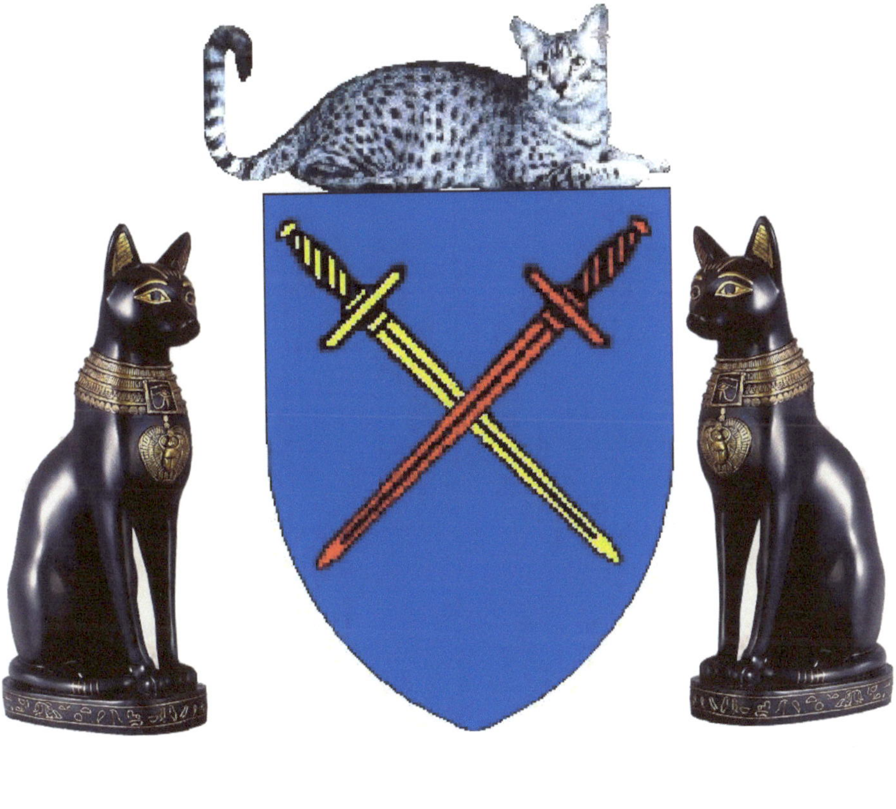

Collection Animaux

I FIGLI DEL GATTO MAU

La storia del gatto di razza

La loi du 11 mars 1957 n'autorisant, aux termes des alinéas 2 et 3 de l'article 41, d'une part, que les « copies ou reproductions strictement réservées à l'usage privé du copiste et non destinées à une utilisation collective » et d'autre part, que les analyses et les courtes citations dans un but d'exemple et d'illustration, « toute représentation ou reproduction intégrale, ou partielle, faites sans le consentement de l'auteur ou de ses ayants droit ou ayants cause est illicite » (alinéa 1° de l'article 40). Cette reproduction ou représentation, par quelque procédé que ce soit, constituerait donc une contrefaçon sanctionnée par les articles 425 et suivants du code pénal.

This book is sold subject to the condition that it shall not, by the way of trade or otherwise, be lent, resold, hired out, or otherwise circulated without the publisher's prior consent in any form of binding or cover other than that in which it is published and without a similar condition including this condition being imposed on the subsequent purchaser and without limiting the rights under copyright reserved above, no part of this publication may be reproduced, stored in or reproduced into a retrieval system or transmitted in any form or by any means (electronic, mechanical, photocopying, recording or otherwise), without the prior permission of both the copyright owner and the above-mentioned publisher of this book.

Copyright Didier Hallépée
2011

I FIGLI DEL GATTO MAU

La storia del gatto di razza

dello stesso autore, dallo stesso editore
"Le chat mau égyptien", 2009
"Citations et proverbes chats et chiens", 2009
"Mot à mau, les pensées du chat mau", 2010
"Pensées Royales Canines, les pensées du King Charles", 2010
"Les enfants du chat mau – histoire du chat de race", 2011
"Mon chat m'a dit, mon chien m'a dit", 2011

"L'univers de la monétique", 2009
"Le Sepa, l'espace des paiements en euro", 2009
"Qualité et sécurité informatique, les méthodes CMPI et CMSI", 2009
"La sécurité NFC", 2011
"La sécurité des systèmes embarqués", 2011

dello stesso autore, dallo stesso editore, in ebook
"A ma fille", 2011
"Secrets de chat", 2011
"Secrets de chien", 2011
"Sudoku-neko volume 1", 2011
"Sudoku-neko volume 2", 2011
"Sudoku-neko volume 3", 2011
"Djambi, l'échiquier de Machiavel, *suivi du Sabacc*", 2011
"Le jeu de go", 2011
"Mon chat m'a conté", 2011
"Mon chien m'a conté", 2011
"Mon coq m'a conté", 2011
"Les secrets de Bastet, précis de génétique féline", 2011

dello stesso autore, in English
"The Egyptian Mau cat", 2011
"The Egyptian Mau children – story of the breed cat", 2011
"My cat told me, my dog told me", 2011
"Mau Mews (photo-comic)", 2011
"King Barks (photo-comic)", 2011
"Cat Secrets", 2011
"Dog Secrets", 2011
"Sudoku-neko volume 1", 2011
"Sudoku-neko volume 2", 2011
"Sudoku-neko volume 3", 2011
"CMPI, Managing and Mastering Computer Projects", 2009

dello stesso autore, Italiano
"I figli del gatto mau – storia des gatto di razza", 2011

A Isabelle, Leia e Jacen con tutto il mio amore.

Al Dottore Giuseppe Mazza, fotografo e giornalista scientifico con l'aiuto del quale ho scritto questo libro, di cui si ritrovano i testi sul suo sito animalista htpp/www photomazza.com

Al Dottore Giuliano Russini, autore del magnifico testo sui felidi del sito di Giuseppe Mazza. http://www.photomazza.com/?Mammiferi-Felidae-archivio&lang=it

A Josette Stouder, Mario Beltrami, René Stouder e Susana Franke che hanno tradotto questi testi in italiano, inglese e spagnolo.

A tutti i miei amici dell'AIME (Associazione Internazionale del Mau Egiziano) con chi ho condiviso l'amore di questa razza.

Ai miei amici del LOOF con chi ho imparato tanto sul gatto di razza.

à tous mes amis éleveurs avec qui je partage l'amour du chat de race.

à tous les passionnés de chats qui savent bien qu'il n'est pas besoin d'être de race pour être le plus merveilleux des compagnons.

La maggior parte delle fotografie sono state riprese da Wikipedia. Sono in licenza Creative Commons Paternità o cadute nel campo pubblico.

ritrovate l'autore sul suo forum 'les écrivains de Fondcombe' http://forum.fondcombe.com

Classificazione dei gatti di razza

Le categorie

La classificazione dei gatti di razza non ubbidisce a regole biologiche o zoologiche. Essa è stata stabilita in funzione delle esigenze delle esposizioni feline. Questa classificazione fa parte degli standard stabiliti dalle grandi associazioni feline e può differire da una associazione ad un'altra.

E' così che i gatti di razza sono classificati in categorie, e queste concorrono sepratamente nelle esposizioni. Le categorie sono basate sulla lunghezza del pelo.

Esse sono:
- Gatti a pelo lungo
- Gatti a pelo semilungo
- Gatti a pelo corto

Il Persiano con tutte le sue varietà è piazzato nei gatti a pelo lungo.

Le razze dei gatti nudi sono classificate nella categoria a pelo corto.

Le associazioni americane quali la CFA e la TICA classificano i gatti a pelo lungo e quelli a pelo corto in un'unica categoria.

Alcune associazioni quali la FIFé classificano i Siamesi e gli Orientali in una categoria separata.

In un grande numero di razze esistono varietà a pelo corto e varietà a pelo lungo. Queste varietà sono trattate in maniera differente a seconda delle associazioni, ciò per ragioni storiche connesse essenzialmente ai criteri di organizzazione delle esposizioni.

Come principio, le varietà a pelo lungo od a pelo corto dovrebbero essere classificate come razze distinte in categorie separate. Ma esse sono sovente classificate come varietà di un'unica razza nella categoria corrispondente alla varietà più antica.

E così, l'***Exotic shorthair***, varietà a pelo corto del **Persan**, è sovente classificato con i Persiani nella categoria dei gatti a pelo lungo.

Ugualmente, il ***Somalo***, varietà a pelo semilungo dell'***Abissino***, è sovente classificato con gli Abissini nella categoria dei gatti a pelo corto.

Infine, in alcune razze sono autorizzati accoppiamenti tra la varietà a pelo lungo e quella a pelo corto. Tali unioni generano, in particolare, esemplari a pelo corto portatori del gene del pelo lungo. Vengono chiamati varianti. Certe associazioni non fanno distinzione tra questi varianti e le varietà a pelo corto. Altre, li classificano con i soggetti a pelo lungo e li fanno concorrere come tali...

La nozione di razza

Photo D. Hallépée

L'addomesticamento del gatto ha la sua origine nell'Egitto dei faraoni. Il suo ruolo di protettore dei raccolti sedusse gli egizi che gli dedicarono un culto a traverso della dea Bastet. Le mummie dei gatti ritrovate a Bubastis ci mostrano che già da quel tempo il gatto esisteva in svariati colori. Pertanto, tutte le rappresentazioni fatte di esso su affreschi e papiri ci fanno vedere un gatto bruno-rossastro la cui pelliccia è maculata di macchie nere. Gatti simili si trovano ancora per le strade in Egitto, dove vengono chiamati gatti faraonici. Si può supporre che questi gatti erano sotto la protezione dei faraoni e costituivano l'élite dei gatti del tempo. È probabilmente il primo approccio alla nozione di razza presso il gatto. Al giorno d'oggi, i loro discendenti si chiamano Mau egiziani.

Malgrado le proibizioni, i gatti sono stati esportati dall' Egitto. È così che, seguendo la Via della Seta, si sono moltiplicati in Asia. Hanno egualmente seguito il cammino delle carovane per installarsi in tutta l'Africa del Nord. Imbarcati su battelli, dove eccellevano nella lotta contro i ratti, essi hanno popolato le zone costiere del Mediterraneo, si sono installati a Roma e da lì si sono espansi in tutta Europa e quindi sono giunti nel nuovo mondo. Durante questa lenta migrazione, hanno conservato la loro diversità originale seppur acquisendo a volte dei caratteri specifici per adattarsi ad ambienti ben differenti dai bordi del Nilo.

Durante tutto questo periodo, il gatto è rimasto un animale utile profittando della sua collaborazione con l'uomo.

Nel XVII secolo, dei viaggiatori portarono dalla Turchia dei gatti dal pelo lungo e sericeo, provocando così un vero e proprio entusiasmo. Il gatto fu chiamato angora turco. È probabilmente la prima volta che un tipo di gatto fu identificato con una denominazione specifica. Questa infatuazione ebbe un'altra conseguenza: fu l'inizio di un lento processo che fece del gatto un animale di piacere, processo che accelerò nel XX secolo grazie ai progressi della lotta contro i roditori, processo che ridusse il suo ruolo di animale di utilità.

È nel corso del XIX secolo che furono organizzati i primi concorsi di bellezza per felini (Crystal Palace, Londra, 1871). È grazie a queste esposizioni feline che gli appassionati si misero a produrre dei gatti originali e che nacque veramente la nozione di razza riguardo il gatto.

Al Crystal Palace furono presentati solo dei British e dei Persiani. Le altre razze vennero successivamente. All'inizio, le razze riconosciute erano poche ed i criteri che definivano una razza erano alquanto rudimentali. Così, un Persiano era un gatto a pelo lungo, ed un Abissino un gatto dal mantello con ticking.

Nel ventesimo secolo, il gatto prende veramente il suo posto di animale di piacere ed il mondo delle esposizioni feline si organizza. Numerosi allevatori che lavorano per produrre gatti di una bellezza originale vogliono che il gatto che allevano sia riconosciuto come differente. È così che furono progressivamente codificate le differenti razze di gatto. La formazione di organizzazioni feline permise di strutturare le esposizioni di gatti e di codificare le differenti razze per mezzo degli standard che le descrivevano ed i pedigree che tracciavano la filiazione. Al giorno d'oggi, delle nuove razze vengono create regolarmente per mettere in evidenza una od un'altra caratteristica che non condividono con altre razze.

Le differenti razze sono definite attraverso uno standard. Questo descrive la morfologia ed i colori che costituiscono la razza in questione. L'arte dell'allevamento è di provvedere dei gatti che si avvicinino al massimo a questo ideale definito per la razza.

Per essere un gatto di razza, questo deve corrispondere a codesto standard e giustificare una filiazione di gatti di questa razza attraverso un pedigree.

Per le razze recenti, è possibile ammettere un gatto sprovvisto di pedigree a condizione che sia giudicato conforme allo standard della razza. Questi gatti sono inscritti in un registro di origine specifica chiamato RIEX (registro sperimentale). I suoi discendenti vengono ugualmente inscritti in questo riex e divengono gatti di razza a pieno titolo alla quarta generazione.

Per le nuove razze, quese sono dapprima riconosciute a titolo sperimentale ed inscritte su un libro di origine chiamato RIA. Lo standard della razza viene definito ed allorchè vi sono abbastanza gatti, la razza viene definitivamente riconosciuta.

La definizione di razza

Photo D. Hallépée

Ogni razza è definita a partire da caratteristiche morfologiche e genetiche specifiche. Alcune di queste caratteristiche possono sembrare casuali nella popolazione felina e dare ad alcuni di questi soggetti l'apparenza di razze così definite, ma ciò non ne fa comunque dei gatti di razza.

Alcune razze sono definite alla partenza per l'apparizione d'una caratteristica genetica particolare in una razza particolare: pelo riccio, orecchie piegate, coda a pompon, gambe corte, gatto nudo, ecc...

Come principio, gli incroci tra razze non sono autorizzati: i gattini così ottenuti sono dei semplici gatti di casa, anche se hanno un carattere meraviglioso e considerati dal loro padrone come aventi una grandissima bellezza... Ciononostante, nelle razze recenti, alcune unioni vengono autorizzate al fine di permettere di stabilizzare la razza senza essere costretti a praticare una eccessiva consanguineità.

In numerosi casi, una stessa razza può declinarsi in pelo corto ed in pelo (semi-)lungo. Queste due variazioni portano a volte nomi differenti.

Secondo le organizzazioni feline, esse possono venire considerate come razze differenti o come varietà differenti di una stessa razza.

Alcune razze non sono riconosciute da tutte le organizzazioni feline.

Gli standard che definiscono una razza differiscono da una organizzazione all' altra. Esse evolvono pure nel tempo....

Le varietà

Photo D. Hallépée

Ogni razza è suddivisa in varietà. Queste varietà permettono di far concorrere assieme gatti di apparenza omogenea affinchè la comparazione possa essere fatta con criterii obiettivi basati sugli standard, piuttosto che su criterii basati sul gusto.

La principale suddivisione in varietà è basata sul colore. In certe razze, un grande numero di colori viene accettato. In altre, il numero di colori è molto ristretto. Alcuni colori non sono accettati da tutte le organizzazioni feline.

Un'altra suddivisione in varietà è la lunghezza del pelo.

Sovente, quando esistono varietà a pelo corto ed a pelo lungo (talvolta sotto nome di razze diverse), le unioni vengono autorizzate. Dato che il gene del pelo lungo è un gene recessivo, nascono allora gattini a pelo corto portatori del gene a pelo lungo e suscettibili di generare dei discendenti a pelo lungo. Questi gatti sono chiamati varianti e sono

identificati come tali in modo da facilitare il lavoro di selezione nella razza.
Le seguenti regole vengono applicate per le unioni interessate:
    Pelo corto + pelo corto = pelo corto
    Pelo lungo + pelo lungo = pelo lungo
    Pelo corto + pelo lungo = variante
    Pelo corto + variante = variante
    Pelo lungo + variante = variante o pelo lungo
    Variante + variante = variante o pelo lungo

I varianti non sono identificati come tali in tutti i libri di origine.

L'elenco delle razze

Photo AIME

Categoria a pelo lungo

Razze a pelo lungo
>PERSIANO
>CHINCHILLA (PERSIANO della divisione TIPPED)
>IMALAIANO (PERSIANO della divisione POINTED)
>EXOTIC SHORTHAIR

Per i comuni mortali (che, poveri esseri umani non hanno che una vita contrariamente ai gatti), vi sono gatti a pelo lungo ed altri a pelo corto. D'altronde, alcune associazioni feline come la CFA adottano questo punto di vista.

Ciononostante, di tutte le razze a pelo lungo, il manto del persiano (pelo intermedio) è davvero più lungo. Inoltre, il pelo di taglia media (pelo esterno) è abbondante, cosa che aumenta la densità del pelame e dà questa apparenza vaporosa in un persiano ben tolettato. È per questo che alcune associazioni feline considerano separatamente i gatti a pelo lungo (il persiano) ed i gatti a pelo semilungo (gli altri).

Numerose generazioni di allevamento hanno conferito al persiano la sua aria particolare col viso appiattito che non può farlo confondere con alcun altro.

Ed è questo look ben specifico che si ritrova nalla sua varietà a pelo corto, l'exotic shorthair.

Tradizionalmente, l'exotic shorthair viene giudicato assime al persiano col quale condivide lo standard invece di venire giudicato con i gatti a pelo corto.

Alcuni colori di persiani beneficiano di una denominazione specifica: chinchilla, himalayano, cameo.

Categoria a pelo semilungo

Razze esclusivamente a pelo semilungo
- ANGORA TURCO
- MAINE COON
- NORVEGESE
- TURCO DEL LAGO DI VAN
- SACRE DI BIRMANIA
- SIBERIANO
- YORK CHOCOLATE

Nelle razze a pelo semilungo, i peli di taglia media (pelo esterno) sono più o meno della stessa misura di quelli più lunghi (pelo intermedio), il che dà una pelliccia che aderisce meglio al corpo, aumentando la loro assomiglianza con quelli a pelo corto.

Inoltre, questa assicura l'impermeabilità di questa pelliccia, il che ha valso all'Angora turco ed al Turco di Van la reputazione di gatti nuotatori. In più, nella maggior parte delle razze a pelo semilungo, il sottopelo è quasi inesistente, il che dà loro una pelliccia non soggetta ad aggrovigliamenti.

Razze a volte con pelo semilungo ed a volte con pelo corto
- AMERICAN BOBTAIL
- AMERICAN CURL
- BRITISH
- BOBTAIL GIAPPONESE
- KURILEAN BOBTAIL
- LAPERM
- MUNCHKIN
- PIXIE BOB
- SELKIRK REX
- SELKIRK STRAIGHT
- TONKINESE

Le razze a pelo corto sono le più numerose. Ognuna ha i suoi appassionati ed esse presentano il vantaggio non indifferente di un pelo facile da mantenere.

Ciò non impedisce che le pelliccie a pelo lungo continuino a sedurre per la loro bellezza... Ed alcuni allevatori si sono a volte chiesti "come sarebbe con i peli lunghi..."

Alcuni hanno preso la decisione ed hanno introdotto il gene del pelo lungo con l'aiuto di incroci, poi hanno selezionato i risultati così ottenuti per ritrovare le caratteristiche della razza originale. È così che numerose razze a pelo corto hanno una varietà a pelo lungo, sotto lo stesso nome o con uno differente.

In alcune razze, la leggenda parla di una mutazione spontanea. Comunque sia, è per mezzo del lavoro di selezione degli allevatori che si ottiene la qualità necessaria affinche la varietà a pelo lungo possa essere riconosciuta.

Razze aventi una corrispondenza a pelo corto
- SOMALO
- TIFFANY
- CALIFORNIAN REX
- CYMRIC
- SHIRAZI
- MANDARIN
- NEBELUNG
- BALINESE
- HIGHLAND FOLD
- HIGHLAND STRAIGHT

Categoria a pelo corto

Nel gatto, il pelame è composto da tre tipi di pelo: il pelo esterno (I peli più lunghi, quelli che compongono la copertura), il pelo intermedio (pelo di taglia media che forma un cuscino isolante) ed il sottopelo.

Il sottopelo ed il pelo intermedio sono di colore unito. Il pelo intermedio è formato da bande colorate che danno alla pelliccia le sue tinte differenti.

Certi geni specifici modificano la struttura del pelo. La selezione dei gatti che presentano queste particolarità genetiche ha permesso la creazione di razze specifiche.

La forma recessiva del gene R è responsabile dell'assenza di peli intermedi. Il gatto ha dunque soltanto i peli più corti (sottopelo e pelo esterno) che sono corti ed ondulati. Questo gene è caratteristico del Cornish Rex.

La forma recessiva del gene Re dà una lunghezza ridotta ai tre tipi di pelo che di fatto sono ondulati. Questo gene è caratteristico del Devon Rex.

La forma dominante del gene Se rende i peli arricciati ed abbondanti. Questo gene è caratteristico del Selkirk Rex.

La forma dominante del gene Wh rende il pelo molto riccio e duro al tatto. È tipico dell'American Wirehair.

La forma recessiva del gene hr è responsabile della quasi totale assenza dei tre tipi di pelo. Codesto gene è caratteristico dello Sphynx.

La forma recessiva del gene Hp è pure essa responsabile dell'assenza quasi totale dei tre tipi di pelo. Questo gene è caratteristico del Donskoy e del Peterbald.

Razze esclusivamente a pelo corto

    AMERICAN SHORTHAIR
    AMERICAN WIREHAIR
    BENGALA
    BOMBAY
    BURMESE AMERICANO
    CALIFORNIA SPANGLED
    CEYLAN
    CERTOSINO
    CHAUSIE
    DEVON REX
    DONSKOY
    GATTO EUROPEO
    GERMAN REX
    HAVANA BROWN
    KORAT

OCICAT
PETERBALD
RAGDOLL
SAVANNAH
SINGAPURA
SNOWSHOE
SOKOKE
SPHYNX
THAI

Razze a volte con pelo semilungo ed a volte con pelo corto
AMERICAN BOBTAIL
AMERICAN CURL
BRITISH
BOBTAIL GIAPPONESE
KURILEAN BOBTAIL
LAPERM
MUNCHKIN
PIXIE BOB
SELKIRK REX
SELKIRK STRAIGHT
TONKINESE

Razze con una corrispondenza a pelo lungo
EXOTIC SHORTHAIR

Razze che hanno una corrispondenza a pelo semilungo
ABYSSINO
ASIATICO
BURMESE INGLESE
BURMILLA
CORNISH REX
MANX
MAU EGIZIANO
ORIENTAL
GATO DI RUSIA
SIAMESE
SCOTTISH FOLD
SCOTTISH STRAIGHT

Razze corrispondenti

PERSIANO(PL)	EXOTIC SHORTHAIR (PC)
ABYSSINO (PC)	SOMALO (PSL)
ASIATICO (PC)	TIFFANY (PSL)
BURMESE INGLESE (PC)	TIFFANY (PSL)
BURMILLA (PC)	TIFFANY (PSL)
CORNISH REX (PC)	CALIFORNIAN REX (PSL)
MANX (PC)	CYMRIC (PSL)
MAU EGIZIANO (PC)	SHIRAZI (PSL)
ORIENTAL (PC)	MANDARIN (PSL)
GATO DI RUSIA (PC)	NEBELUNG (PSL)
SIAMESE (PC)	BALINESE (PSL)
SCOTTISH FOLD(PC)	HIGHLAND FOLD (PSL)
SCOTTISH STRAIGHT (PC)	HIGHLAND STRAIGHT (PSL)

A – CATEGORIA A PELO LUNGO

PERSIANO
CHINCHILLA (PERSIANO della divisione TIPPED)
IMALAIANO (PERSIANO della divisione POINTED)
EXOTIC SHORTHAIR

PERSIANO & EXOTIC SHORTHAIR

Photo Cindy See

Storia

<u>Il persiano</u>

Durante il sedicesimo secolo, l'aristocrazia europea è stata presa dall' infatuazione per l'Angora Turco, novità venuta del Medio Oriente, la cui pelliccia e carattere conquistarono i cuori.

È in questa stessa epoca che il gatto iniziò a prendere il suo posto di animale di piacere, lasciando le aie per i saloni delle ville.

Nel diciannovesimo secolo, gli inglesi incrociarono l'Angora Turco con il British che aveva un viso arrotondato molto attraente. È così che nacque il Persiano, nuova razza che col nome ricorda le origini medio-orientali. Fu presentato accanto del British in occasione della prima esposizione felina a Crystal Palace nel 1871.

Il Persiano divenne presto molto popolare al punto da far dimenticare per lunghi decenni l'Angora Turco. La popolarità della razza conquistò rapidamente gli Stati Uniti che continuarono il lavoro di selezione che gli Inglesi avevano fatto.

Gli Americani andarono più lontano, arrotondando vieppiù il Persiano e spingendo sino all'estremo l'aspetto appiattito del suo viso.

Da allora, i lavori degli allevatori hanno permesso di creare i numerosi colori che oggi sono ammessi.

Il Exotic Shorthair
L'Exotic Shorthair nasce negli Stati Uniti negli anni '50. Si trattava all'inizio di migliorare l'American Shorthair dandogli la faccia arrotondata del Persiano. Il risultato fu la versione a pelo corto del Persiano.

Carattere

Il Persiano e l'Exotic Shorthair sono gatti calmi, facili da manipolare e di un temperamento casalingo. Vengono a volte qualificati come peluche. Pertanto, tra i calmi momenti di siesta, rivela pure il carattere di un autentico felino, esploratore, assolutamente capace di cacciare, di arrampicarsi sugli alberi, di difendere il proprio territorio dagli intrusi.

Il pelo del Persiano richiede una toelettatura regolare per metterne in evidenza la bellezza ed evitare che i peli non si attorciglino. Questo lavoro quotidiano e la sua faccia arrotondata ne fanno un compagno ideale per supplire alle carenze di affetto.

Allorchè si vede un Persiano in esposizione, è una vera e propria palla di peli vaporosi che inquadra un viso rotondo. Un tale risultato non si ottiene che con una toelettatura regolare ed una preparazione intensa poco prima dell' esposizione (shampoo, asciugatura, pettinatura, ecc.). Quando si percorrono i corridoi di una esposizione, non è raro di vedere l'allevatore rigirare il suo persiano in tutti i sensi per farne gonfiare il pelo. I più alti gradini del podio rappresentano numerose ore di lavoro di preparazione.

L'Exotic Shorthair ha ereditato il carattere del Persiano. La sua pelliccia a pelo corto richiede molto meno lavoro di toelettatura.

Parte del carattere è collegata al colore.

Photo Lajorna

Standard

Rotonda e massiccia, la testa ha un largo cranio a forma di cupola. La faccia è rotonda con una espressione dolce ed una ossatura ben arrotondata. Le guance sono larghe e potenti, con pomelli preminenti e pieni. Di profilo, la fronte, il naso ed il mento sono allineati sullo stesso piano verticale.

Il naso è largo e molto corto, con narici sufficientemente aperte affinchè la respirazione non sia disturbata. Lo stop ben marcato e profondo deve essere situato tra gli occhi, idealmente al mezzo, mai più in alto della linea superiore degli occhi e mai più in basso di quella inferiore.

Il muso deve essere arrotondato, largo e pieno, testimonianza di una perfetta occlusione delle mascelle. Il mento è forte.

Gli occhi sono rotondi, grandi e ben spaziati tra loro ed hanno un'espressione dolce. Il colore, che è il più intenso possibile, deve essere in accordo con quello del manto.

Le orecchie sono rotonde, non troppo aperte alla base; le orecchie sono piccole e ben spaziate una dall'altra, poste in modo da rispettare la forma arrotondata della testa. Nel Persiano, l'interno delle orecchie è abbondante. Il collo è spesso, massiccio e corto; la testa sembra incstrata nelle spalle.

Il corpo è brevilineo e massiccio, con spalle ed anche arrotondate e della medesima larghezza. Il dorso è diritto. Il petto è largo; la gabbia toracica e l'addome sono ben arrotondati. Il gatto deve essere ben muscoloso senza evidenza di obesità.

Le zampe sono corte, robuste, forti e ben diritte. I piedi sono rotondi e massicci.

La coda è corta, spessa alla base e terminante con una punta arrotondata ma proporzionata con la lunghezza del corpo. Nel Persiano, la coda è molto abbondante.

Manto e struttura del Persiano: lunga su tutto il corpo, spalle comprese, la pelliccia è densa, fine e sericea. Un sottopelo abbondante dà volume all'insieme. Il collare, molto sviluppato, prosegue sino tra le zampe davanti e sotto il ventre.

Manto e struttura dell'Exotic Shorthair: densa e dolce al tatto, la pelliccia è stesa sul corpo grazie allo spessore del suo sottopelo. Leggermente più munga di quella delle altre razze di gatti a pelo corto, essa non deve comunque essere tanto lunga da abbassarsi sul corpo o di fluttuare.

Varietà a pelo corto
La varietà a pelo corto del Persiano è chiamata Exotic Shorthair.

Incroci autorizzati

Persiano x Persiano
Persiano x Exotic Shorthair
Exotic Shorthair x Exotic Shorthair

Mantello

Nel Persiano e nell'Exotic Shorthair, tutti i colori sono riconosciuti.

I colori sono generalmente raggruppati in divisioni al fine di facilitarne il confronto nelle esposizioni.

Divisione solida
Questa divisione raggruppa tutti i colori uniti.

Divisione tabby
Questa divisione raggruppa i colori tabby, cioè presentanti un motivo. Esistono quattro motivi tabby riconosciuti nei Persiani ed Exotic Shorthair: il patron ticked, il patron spotted, il patron mackerel ed il patron blotched.

Divisione argento/fumo
Nei gatti silver e smoke, il sottopelo è argentato.

Nel Persiano e l'Exotic Shorthair silver o smoke, la base argento deve essere uniformemente distribuita sull'insieme del corpo, compresa la testa, le zampe e la coda. Essa deve rappresentare circa tra 1/4 ed 1/3 della lunghezza del pelo alla base.

Il Persiano e l'Exotic Shorthair smoke debbono avere dei pennacchi bianchi nelle orecchie.

Divisione tipped (Chinchilla)
Il tipping è un fenomeno che dà al pelo del gatto una base bianca seppur conservando il colore d'origine all'estremità del pelo. Nel gatto tipped, solo l'estremità del pelo è colorata. Nel Persiano Shaded, la parte colorata si estende sino ad 1/3 del pelo. I Persiani che hanno queste marcature sono chiamati Chinchilla.

Il pelame appare bianco nei silver, dorato nei golden. I marchi tabby non compaiono.

Divisione point (Himalayano)
Il colourpoint è il marchio tipico del Siamese ove soltanto le estremità sono colorate.

Il seppia è il marchio tipico del Burmese che dona un colore attenuato sul corpo. Il mink è il marchio tipico del Tonchinese che dà un colore chiaro sul corpo e più scuro alle estremità.

I Persiani che presentano questi marchi sono chiamati Himalayani.

In questa divisione vi deve essere un netto contrasto tra il colore dei punti, che è il più omogeneo possibile, e quello del corpo che è uniforme. L'assenza di marchi è augurabile, con, comunque, tolleranza nei gatti tabby.

Divisione particolore
Si considera come particolore qualsiasi Persiano o Exotic Shorthair di cui una parte della pelliccia è formata da tacche bianche. Il motivo bicolore o tricolore è considerato come ideale allorchè comprende dal 25 al 50% di bianco.

B – RAZZE ESCLUSIVAMENTE A PELO SEMILUNGO

Razze esclusivamente a pelo semilungo

ANGORA TURCO
MAINE COON
NORVEGESE
TURCO DEL LAGO DI VAN
SACRE DI BIRMANIA
SIBERIANO
YORK CHOCOLATE

ANGORA TURCO

Photo Pablo1964

Storia

L'Angora turco è apparso ai limiti della Persia e della Turchia nella regione degli altipiani (nei dintorni del lago di Van). Scoperto da viaggiatori, è stato introdotto in Europa al XVIIesimo secolo. Ci fu subito un infatuazione per questo gatto dal lungo pelame di seta. Molto diffuso negli ambienti aristocratici nel XVIIIesimo secolo, era considerato come un regalo principesco. Molto presto ha conquistato il mondo intero e ha dato principio ad una discendenza in numerosi paesi. E stato utilizzato per creare differenti razze a pelo lungo o semilungo, il persiano particolarmente. Poi è stato dimenticato e è quasi scomparso dall'Europa al XIXe secolo. Nel XXe secolo, lo zoo di Ankara lancia un programma di salvataggio della razza. Secondo la legenda, la sua rarefazione era tale che l'esportazione di questo gatto era punita di morte per un turco e dell'ergastolo per un straniero. Nel 1959 un' americana, Mrs Charles Weed, riscoprì l'Angora allo zoo di Ankara e rilanciò il suo allevamento negli Stati Uniti.

Lago di Van

Nella regione del Lago di Van, le risorse naturali sono cosi scarse che i gatti sono costretti a pescare per susistere (il pesce di questo lago si chiama **Darekh.** E una razza unica nel mondo dal nome di Chalcabur**nus**. Tarichi della familia dei cyprinidae). Però a 1750m di altitudine, le acque di questo lago sono ghiacciate. Intanto, i gatti turchi sono sprovvisti di sottopelo, ciò che assicura l'impermeabilità del loro pelame (pelame che non s'intrica mai). Questa particolarità ha dato ai gatti turchi (Angora turchi e gatti turchi del lago di Van) la loro fama di gatto nuotatore. In appartamento, se volete rilassarvi nel vostro bagno, chiudete la porta....

darekh (chalcalburnus tarichi)

La qualità del suo pelame e del suo carattere ne fa un gatto eccezionale. La tradizione lo vuole bianco con uno sguardo straordinario (occhi azzurri, dorati, colore di rame o vaironi). Si declina ugualmente nei colori. Amante del gioco, molto loquace, si compiace nel passeggiare acciambellato intorno al vostro collo. Il suo carattere molto affetuoso farà cedere parecchi.

Photo Michel Pothier

Come in tutte le razze, gli individui bianchi, omozygotici dagli occhi azzuri possono essere colpiti dalla surdità. Questa non è la particolarità nè degli individui dagli occhi azzurri, nè degli angora. Benché questo fatto ne faccia gatti ancora più affetuosi, gli allevatori evitano questo diffeto incrociando regolarmente gli individui bianchi con individui colorati e evitando d'incrociare tra di loro gatti bianchi omozigygotici.

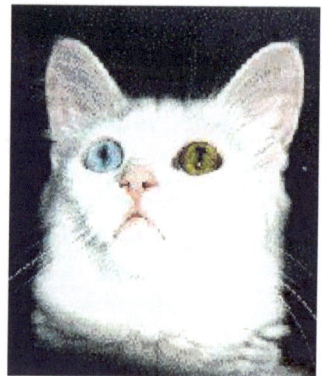
Photo Didier Hallépée

Carattere

L'Angora turco è un gatto grazioso e perfettamente equilibrato con un fine pelo di seta. Quando lo prendiamo nelle braccia siamo sorpresi dal suo peso e dalla diversità della sua muscolatura che contrastono con la delicatezza del suo vaporoso pelame. I gatti di questa razza sono intelligenti, attivi e curiosi, e esigono di essere manipolati gentilmente ma con severità.

E una razza dominante che saprà imporsi di fronte alle altre razze. Dotato di una forte personalità, sta al suo agio in esposizione soltanto se si trova di fronte a un autorità piu importante della sua.

Ma sopratutto è un gatto molto affetuoso che ricerca il contatto e la carezza. La sua passione : acciambellarsi intorno al collo del suo bipede favorito e restarci a fare le fusa mentre quello si dedica come può alle sue occupazioni.

Forza di carattere e tenerezza : una miscela sorpredente.

Il suo pelame sprovvisto di sottopelo s'intrica poco, agevolando cosi la toelettatura. Però la muta di primavera domanda un mantenimento più frequente.

Photo Didier Hallépée

Standard

Di misura piccola a media relativamente al corpo, la testa veduta di fronte forma un triangolo ammorbidito. Di profilo, si vedono due linee. La prima va dalla parte superiore della testa fino agli occhi e forma il cranio e la fronte. La seconda che continua la prima va dagli occhi fino all'estremità del naso. Queste due linee non devono essere continue ma formano un angolo molto aperto al livello degli occhi.

Appena arrotondato, il muso finisce il triangolo formato dalla testa senza pindr. Il mento è forte.

Grandi, a mandorle, gli occhi sono posti legermente di sbieco. Il colore degli occhi deve corrispondere con quello del pelame.

Grandi, larghe alla base, le orecchie sono poste alte sulla testa e in modo verticale. Leggermente appuntite all' estremità, sono ben fornite.

Photo Michel Pothier

Abbastanza lungo il collare è fine e grazioso.

Di formato foreign, il corpo è lungo, fine e muscoloso. Il petto è stretto e le spalle sono così larghe come le anche. La muscolatura è forte e legata a un'ossatura fine.

Le zampe sono lunghe, le zampe posteriori sono più lunghe delle anteriori.

Di forma ovale i piedi sono piccoli e delicati. Ciuffi di pelo tra le dita sono molto augurabili.

Larga alla base, la coda è lunga e va affilandosi. E sempre ben formata e portata in pennacchio come una penna di struzzo.

Photo Catherine Niri

Semi lungo, il pelame è di seta e fine con poco di sottopelo. Brillante e vaporoso è più lungo al livello del collaretto, del culice, sotto il ventre e sulla coda. Il pelame può presentare leggeri riccioli sotto il ventre. Esistono variazoni stagionali notevoli.

Mantello

Tutti i colori sono quelli basati sul cioccolato, lilac, cinnamon e fawn. Tutte divisioni tranne punto.

Il più diffuso è l'angora turco bianco. Questo colore è dovuto al gene W, responsabile del controllo della melanina, essa stessa responsabile dell'espressione dei colori. Il gatto eterozygotico Ww (si dice scorettamente portatore di colore) può fornire gattini colorati. Alla nascita, un gatto bianco eterozygotico porta sulla fronte una macchia di colore che sparirà con la crescita.

Nel gatto omozygotico WW, la quantità di melanina è più debole. Così la macchia di colore non appare (è difficile sapere quale colore nasconde questo bianco!) Quando la quantità di melanina è debole gli occhi del gatto bianco sono azzurri. Una quantità troppo debole di melanina ha conseguenze sull'orecchio e il gatto può essere sordo. Da questo fatto viene la legenda che dice che tutti i gatti bianchi dagli occhi azzurri sono sordi.

Photo Didier Hallépée

Per evitare questa surdità gli allevatori lottano contro i tassi troppo bassi di melanina incrociando angora bianco con angora di colore. Così i gattini bianchi che nasceranno saranno eterozygotici Ww e non saranno sordi.

La melanina può ritrovarsi in modo inuguale. Così un gatto bianco dagli occhi azzurri può avere gli occhi vaironi (chiamati anche dispari, cioè un occhio azzurro e un occhio colorato/verde, ambra, o marrone) Talvolta, il gatto può essere sordo dal lato dell'occhio azzurro.

Un gatto sordo è evidentemente escluso dall'esposizione. In certi paesi, tutti i gatti bianchi dagli occhi azzurri sono esclusi dall'esposizione. Questo è un metodo un po' estremo per lottare contro i rischi di sordità.

MAINE COON

Photo Lengoma

Storia

Dopo aver lasciato le rive del Nilo per installarsi in Europa, il gatto ha ben naturalmente seguito i pionieri alla conquista del Nuovo Mondo dove si è adatatto ai diversi ambienti che ha trovato.

Secondo la leggenda, nei fondi delle foreste del Maine, alcuni di loro si sono incrociati col procione (raccoon) per dare nascita ad una specie felina di grande taglia il cui colore ricordava quello del suo antenato. Evidentemente, ciò è impossibile, ma è da là che viene il suo nome "Coon", più tardi allungato in Maine Coon.

Secondo un'altra leggenda, Maria-Antonietta, impaurita dalla rivoluzione, aveva pensato di rifugiarsi negli Stati Uniti. La lezione di Varennes aveva fatto sculo, poichè la sua fuga era meglio organizzata. Essa potè così affidare i suoi sei angora turchi al Capitano Clough sul battello ove essa doveva imbarcare. La fuga non ebbe mai luogo, e gli angora si ritrovarono soli nella casa prevista per la regina, vicino allo stato del Maine. Il Maine Coon sarebbe un discendente di questi gatti.

Secondo una terza leggenda, il Maine Coon discende dai gatti che accompagnarono i Vichinghi verso l'anno 1000 nel corso della loro esplorazione del Nuovo Mondo.

Quale ne sia l'origine, il Maine Coon è un notevole adattamento di una stirpe di gatti a pelo semilungo alle condizioni specifiche delle foreste del Maine. Le condizioni specifiche che vi ha incontrato hanno provocato gli adattamenti necessari per avere il miglior profitto dall'ambiente circostante, facendo di lui il più grande dei gatti di razza.

Il primo Maine Coon, Captain Jencks, fu presentato alle esposizioni di Boston e di New York nel 1881. Poco a poco, il Maine Coon avrebbe oltrepassato le frontiere dello stato prima di cadere nell'oblio e di uscirne negli anni cinquanta.

Fu riconosciuto come razza nel 1967.

L'importazione del Maine Coon in France risale al 1981, ma la razza non prese slancio che all'inizio degli anni 1990.

Carattere

Il Maine Coon è il più grande dei gatti domestici. Puo arrivare agli 11 chili, senza essere obeso, naturalmente.

Di taglia massiccia e di andatura rustica, il Maine Coon e qualificato come un gigante gentile.

Molto socievole, si intende bene con i bambini e gli altri animali. Lo si dice essere giocoso, buon cacciatore, sportivo e molto attaccato ai suoi padroni.

Lo si qualifica pure di "gatto-cane", poichè è capace di riportare un oggetto affinchè lo stesso venga rilanciato. Accetta volentieri una piccola passeggiata al guinzaglio. I maschi sono nettamente più imponenti delle femmine.

Photo Wikimaster97

Standard

In lunghezza ed in larghezza, la testa è di buona taglia con zigomi alti e salienti. Di profilo, la linea del naso forma una leggera curva concava senza stop. Il cranio è leggermente arrotondato.

Di faccia, il muso sembra aver la forma di un quadrato. Di profilo, il muso si stacca nettamente dal cranio e non è mai nè appuntito nè stretto. Il naso, le labbra e la punta del mento sono allineati sulla stessa verticale rafforzando l' impressione di "quadratura" del muso. Il mento è fermo e forte. L'equilibrio delle proporzioni tra la testa e la lunghezza del muso è essenziale.

Grandi, leggermente ovali e ben spaziati, gli occhi sono disposti obliquamente ma possono sembrare rotondi quando il gatto sta facendo attenzione. Tutte le sfumature di verde, di dorato, di rame o di giallo, sono accettate senza che ci sia relazione tra il colore degli occhi e quello del manto. Gli occhi blu o spaiati sno accettati nei gatti bianchi.

Grandi, larghe alla base, poste in alto sulla testa (vedere le tolleranze), le orecchie sono separate una dall'altra da uno spazio equivalente alla larghezza della base di un'orecchia. Moderatamente appuntite, sono alquanto inclinate verso l'esterno. Sono ben fornite e dei ciuffetti (lynx tips) sono desiderabili.

Di media taglia, l'incollatura è ben muscolosa.

Di formato largo e potente, il corpo è di grande taglia, ben muscolato, con petto largo. Di forma rettangolare, non deve comunque esibire alcuna esagerazione che potrebbe nuocere all'equilibrio generale.

Solide, con possente musculatura e forte ossatura, le zampe sono mediamente alte, il che rafforza l'apparenza rettangolare del corpo.

Grandi e rotondi, con cinque dita davanti e quattro dietro, i piedi hanno un' importante pelosità interdigitale.

La coda, lunga, deve idealmente raggiungere la base della scapola. Larga alla base, è particolarmente ben fornita di peli lunghi formanti dei ciuffi soffici e termina a punta.

Corto sulle spalle e le cosce, il pelo si allunga gradualmente sui fianchi per raggiungere la sua piena lunghezza sul ventre e sul retro. Ricercato sotto la gola, il collaretto non si estende al petto. La consistenza è setosa, pur essendo sostenuta e cade naturalmente da ogni lato del corpo. Il sottopelo è fine. La lunghezza del pelo e la densità del sottopelo variano con le stagioni ed un manto nettamente più corto in estate non deve essere causa di penalizzazione nel giudizio.

Mantello
Tutti i colori, eccetto quelli basati sul cioccolato, lilla, cannella e fulvo.

NORVEGESE

Photo Pieter Lanser

Storia

Lasciando le rive del Nilo, il gatto domestico si è diffuso in tutta l'Europa. È addirittura risalito verso il Nord, molto lontano, sino in Norvegia, dove si è confrontato con un ambiente particolarmente rude al quale ha dovuto adattarsi. È così che si sviluppò naturalmente una folta pelliccia per lottare contro il freddo.

Nell'ottavo secolo i Vichinghi irruppero in Europa, giungendo sino ai più remoti posti del Mediterraneo. Alcuni autori pensano che essi abbiano riportato con sè dei gatti dal pelo lungo dai bordi del Caspio e del Mar

Nero. Così, l'Angora Turco non sarebbe estraneo alla storia del Gatto Norvegese. È forse da là che viene la leggenda dei grandi gatti bianchi che trainavano il carro di Freya, la dea della fertilità e dell'amore.

È probabile che queste due origini si siano combinate per produrre nel corso dei secoli un gatto particolarmente adatto ai freddi del Nord.
Il Gatto Norvegese è stato descritto verso il 1550 da Peter Clausson Friis. Dal 1930, degli allevatori si sono interessati a preservare ed a far riconoscere l' originalità di questo gatto. La razza è stata riconosciuta nel 1972.

Il Norvegese è pure conosciuto col nome di Skogkatt.

Photo Carl-Johan Aberger

Carattere

Il Norvegese è un gatto alto sulle zampe, il che evita al suo addome di toccare la neve e così evitarne il freddo. Le zampe posteriori sono più lunghe di quelle anteriori, una conformazione specifica per la corsa ed i salti... Maschio, da adulto, arriva ai 6-7 kg di peso; la femmina è più piccola, con un peso di circa 4 kg.

Gatto dal pelo semi-lungo, è dotato di un sottopelo lanoso e di pelo di copertura idrorepellenti, originalità che non si trova in alcuna altra razza. Una abbondante gorgiera ne inquadra la testa e gli dà un'aria molto particolare.

Ha qualità di arrampicatore e di saltatore; eccelle nell'arrampicarsi sugli alberi da cui discende con la testa in giù, specificità della razza. Ha pure grandi qualità di cacciatore. La sua taglia gli permette di attaccare prede di grandi dimensioni, quali lepri, tacchini ed oche.

Ha un temperamento particolarmente gradevole, molto "barattolo di colla", molto posato, di una grandissima stabilità caratteriale. Calmo, ma sempre presente, si intende perfettamente con i varii componenti della famiglia, bambini, altri gatti, cani.

Standard

Di media grandezza, la testa forma un triangolo equilatero. Il disopra della testa e la fronte, leggermente arrotondati, sono seguiti da un naso diritto, senza curvature nè stop. Il muso non ha pinch ed il mento è fermo.

Grandi, a forma di mandorla, gli occhi sono piazzati legegrmente obliqui e danno al gatto un'espressione attenta e sveglia. Tutti i colori degli occhi sono autorizzati, quale che sia il colore del manto.

Da medie a grandi, le orecchie sono ben aperte alla base, leggermente appuntite e poste nel prolungamento del triangolo. Viste di profilo, sono dirette in avanti. I ciuffetti (lynx tips) sono desiderabili, ma non obbligatori. Il pelo interno delle orecchie si stende sino all'angolo esterno delle stesse.

Ben muscolosa, l'incollatura è di media grandezza.

Il corpo è abbastanza lungo, potente e massiccio, con una ossatura robusta; il petto è pieno e largo.

Ababstanza alte, le zampe sono molto muscolose ed hanno una solida ossatura.

Grandi e rotondi, i piedi hanno dei ciuffi di peli tra le dita.

Lunga, spessa alla base e ben fornita, la coda è idealmente lunga quanto il corpo.

Il manto è doppio,lunghi peli di copertura, idrorepellenti e lucidi, coprono un sottopelo lanoso e danno un'impressione di pesantezza e di profondità.

Il collare è composto da lunghi peli che partono da dietro le orecchie e da un jabot molto fornito.

Il collare ed i calzoncini sono voluminosi e composti unicamente da sottopelo.

La qualità della pelliccia è molto più importante del colore.

Mantello
Tutti i colori, eccetto quelli basati sul cioccolato, lilla, cannella e fulvo.

GATTO SACRO BIRMANO

Photo grapheum.de

Storia

Secondo la leggenda, tanto tempo fa, in Birmania, c'era un vecchio monaco che si occupava di un tempio dedicato ad una dea dorata dagli occhi di zaffiro.

Questo monaco aveva un gatto di nome Sinh.

Un giorno, il tempio venne attaccato ed il religioso fu ucciso.

Sinh saltò sulla testa del suo padrone e guardò la statua della dea dritto negli occhi.

I suoi occhi divennero allora di color zaffiro e la pelle dorata, ad immagine della dea, ma le zampe rimasero bianche come la capigliatura del monaco sulla quale esse erano posate.

Dopo qualche giorno, Sinh morì di crepacuore. È allora che tutti gli altri gatti del tempio subirono la stessa metamorfosi, diventando i Gatti Sacri di Birmania.

Ben più tardi, una coppia di Gatti Sacri fu rubata dal tempio di Lao Tseu e giunse in Francia nel 1920.

Coloro che non credono alle leggende dicono che il Gatto Sacro di Birmania è nato in Francia nel 1920 dall'incrocio di un gatto Siamese inguantato di bianco e di un Persiano.

Comunque, la seconda guerra mondiale passò per là, decimando le popolazioni di gatti erranti e numerosi gatti domestici.

Alla fine della guerra, restava una coppia soltanto di Gatti Sacri di Birmania, Orloff e Xénia de Kaaba. Tutti gli odierni Gatti Sacri di Birmania discendono da loro.

Carattere

Il Gatto Sacro di Birmania è un gatto affettuoso, dolce e giocherellone.

Il suo pelo semi-lungo ed il suo motivo colorpoint gli danno un'eleganza messa in rilievo dai guanti delle sue quattro zampe.

Allevare gatti di razza è lavorare sul vivo ed accettare l'imprevedibile. Quali che siano gli sforzi dell'allevatore, Signora natura ha l'ultima parola. Per quanto concerne il Gatto Sacro di Birmania, l'ottenimento di bei guanti e la loro trasmissione alla discendenza sono alquanto imprevedibili. I criteri genetici corrispondenti non sono ancora controllati e soltanto l'abilità dell'allevatore (e la fortuna) permettono di ottenere dei guanti di grande bellezza.

Photo Claudia Zaino

Standard

Di media taglia, la testa è larga, triangolare, con contorni arrotondati. Le guance sono piene. La fronte è leggermente arrotondata. La linea del profilo si prolunga con un cambiamento di direzione leggermente concavo al livello degli occhi. Senza stop, il naso è romano, cioè arcuato.

Di media lunghezza, il muso è largo, senza pinch. Il mento è forte.

Grandi, quasi rotondi, gli occhi sono ben distanziati uno dall'altro e di un colore blu il più intenso possibile.

Le orecchie sono di taglia media, quasi tanto larghe che alte. Spaziate della larghezza di un'orecchia, esse hanno una punta arrotondata. L'interno è ben fornito di peli.

Di media taglia, il collo è ben muscoloso.

Il Sacro di Birmania ha un corpo lungo e potente, massiccio e con un dorso diritto e regolare.

Mediamente alte, le zampe hanno un'ossatura robusta ed una buona muscolatura.

I piedi sono grandi, rotondi e solidi.

Di misura media, la coda è proporzionata al corpo.

Semi-lunga, la pelliccia è molto setosa. Corta sulla faccia, si allunga gradualmente a partire dalle guance verso il collare, molto apprezzato sopratutto nei maschi. La pelliccia è lunga sul dorso ed i fianchi. Il sottopelo non è abbondante ma è leggero. Il pelo può essere arricciato leggermente sul ventre. Nota: dei cambiamenti dovuti alle stagioni debbono essere presi in considerazione nel giudicare la lunghezza del manto.

Le zampe avanti, davanti e dietro, hanno dei guanti bianchi che terminano in una linea dritta, idealmente alla congiunzione tra piede e zampa. Le zampe posteriori hanno dei guanti bianchi davanti che rimontano all'indietro della zampa e terminano a punta dalla metà ai tre-quarti del tallone (speroni). Una regolarità tra la altezza dei guanti anteriori e posteriori è augurabile.

I cuscinetti sono di color rosa e/o di colore corrispondente al colore di base del gatto.

Mantello

Tutti i colori, motivo colorpoint.

SIBERIANO

Photo Cybercop2000

Storia

Installandosi in Europa, il gatto ha sviluppato il suo carattere di esploratore fino ai Monti Urali e oltre. Così ha potuto incontrare il gatto selvatico delle foreste siberiane. Da questo incontro nacque una razza originale, il siberiano.

Come dappertutto in Europa, l'aristocrazia s'invaghì di alcune razze di gatti e numerosi furono quelli che ebbero dei gatti siamesi, birmani, angora. L'incontro di questi gatti con il siberiano dotò quest'ultimo di una grande varietà di colori.

Fin da Pietro il Grande, il gatto era apprezzato e protetto. Ma l'originalità del siberiano fu riconosciuta tardivamente.

Con la Perestroika, negli anni ottanta, i russi hanno cominciato a interessarsi all' allevamento dei gatti. Con la caduta del muro di Berlino, il 9 novembre 1989, il siberiano lasciò la Russia per scoprire i paesi occidentali.

Carattere

Il gatto siberiano è un gatto grande (6 a 10 chili per i maschi, 3,5 a 7 chili per le femmine). E una forza tranquilla, capace di essere attivo e energico, socevole con gli altri animali e molto affettuoso con il suo proprietario.

Curioso, intelligente, richiede della compagnia e non gli piace essere lasciato solo. Giovanile, ripete i comportamenti che hanno provocato il riso di suo maestro.

Per susistere il gatto siberiano richiedeva il calore della casa, afinché questa possibilità non gli fosse negata, è stato costretto ad addattarsi nell'essere siocevole e pulito, qualità che sono sue ormai.

Probabilmente queste esigenzi sono all'origine di una selezione naturale che ne fanno un gatto particolarmente poco allergene (tasso di proteina FEL D1 molto debole nella sua saliva.)

Photo Arbilad

Standard

In forma di triangolo ammorbidito, la testa è larga con dei contorni arrotondati. Di fronte, le guance non sono nè sporgenti nè proeminenti. Largo, il cranio è piuttosto piatto. Veduta di profilo, la fronte è leggermente arrotondata ed è prolungata da una leggera declività al livello degli occhi. Il naso è moderamente corto e piatto.

Rotondo e forte, il muso deve essere senza pinch. Le femmine hanno spesso un muso più fine di quello dei maschi. Il mento è arrotondato senza essere proeminente. I baffi sono lunghi e spessi.

Grandi, quasi rotondi, gli occhi sono ben spaziati l'uno dall' altro, separati al minimo dalla misura di un occhio. Sono posti leggermente di sbieco, senza però avere un'espressione orientale. Tutti i colori sono ammessi senza relazione con il pelo, tranne i colourpoints dagli occhi azzurri

Di taglia media, le orecchie sono larghe alla base e separate da uno spazio uguale a un orecchio, un orecchio e mezzo. Vedute di profilo, sono leggermente inclinate sul davanti. Di forma arrotondate alla loro estremità, sono coperte all'esterno da una pelliccia abbondante che nasconde quasi completamente la base. L'interno delle orecchie è ugualmente fornito da peli abbondanti. Pennacchi (lynx tips) sono pregiati.

Rotondo e corto il collo è potente, muscoloso.

Di formato semi-cobby, il corpo, massiccio, pesante e muscoloso, ha una forma caratteristica chiamata "a botte" dovuta alla rotondità delle sue costole e della sua muscolatura. La groppa è arrotondata e più alta delle spalle. La cinghia dell' addome è molto potente.

Di altezza media le zampe sono robuste e muscolose con un' ossatura potente.

Grandi e rotondi i piedi mostrano un'importante pilosità tra le dita.

La coda è larga alla base, poi va sfilandosi fino all'estremità arrotondata. E fornita con un' abbondante pelliccia. Idealmente deve arrivare al livello della base delle scapole.

Semi-lungo a lungo il pelame del siberiano si compone di 3 tipi di peli: pelo di guardia, pelo della giarra, e sotto pelo. Il collo, le spalle e la schiena sono coperti da peli di guardia, più spessi e brillanti. Il collaretto parte dall'indietro per raggiungere la gola. Il sottopelo è abbondante. I peli del ventre possono presentare riccioli senza che questo carattere sia particolarmente ricercato. Fra i particolori ogni proporzione di bianco è riconosciuta qualsiasi il posto e la misura.

L'apparenza fisica generale del gatto deve riflettere forza e vigore, tenendo però un'espressione dolce.

Mantello

Tutti i colori sono ammessi tranne quelli basati sul cioccolato, lilla, cannella e fulvo.

I siberiani di varietà colourpoint sono chiamati Neva Mascarade.

TURCO DEL LAGO DI VAN

Photo Biseyli

Storia

La Turchia dà ricovero a due razze di gatti: l'Angora turco e il Turco di Lago di Van. Il Turco di Lago di Van si distingue dal suo motivo caratteristico : pelame bianco con cuffia e coda colorate generalmente rosse.

Lago di Van

Nella regione del Lago di Van le risorse naturali sono così scarse che i gatti sono costretti a pescare per sussistere. (il pesce di questo lago si chiama Darekh: è una razza unica nel mondo dal nome Chalcaburnus Tarichi della famiglia dei cyprinidae.) Però a 1750 metri di altitudine, le acque di questo lago sono ghiacciate. I gatti turchi sono sprovvisti di sottopelo, ciò che assicura l'impermeabilità del loro pelame. (pelame che non s'intrica mai.) Questa particolarità ha dato ai gatti turchi la fama di gatto nuotatore. In appartamento se volete rilassarvi nel vostro bagno chiudete la porta...

La durezza delle condizioni di vita hanno fatto del turco del Lago di Van un gatto particolarmente muscoloso, una forza della natura. E un gatto con un pelo semi-lungo solidamente costruito, perfettamente addattato alle variazioni climatiche di questa dura regione.

Raggiunge la sua piena maturità all'età di tre anni.

darekh (chalcalburnus tarichi)

Carattere

Il turco del Lago di Van è un gatto muscoloso e ben costruito, perfettamente equilibrato con un fine manto setaceo. I gatti di qesta razza sono intelligenti, attivi e curiosi, richiedono di essere manipolati gentilmente ma con severità.

E una razza dominante e dotata di una forte personalità. Si sentirà al suo agio soltanto se è rassicurato dalla presenza rassicurante di un'autorità capace d'imporsi fortemente. In questo caso il suo affetto per il suo compagno umano si manifesta in un'attesa paziente ai lati di costui, che potrebbe essere su un tetto di macchina, il tavolino di un caffè o la gabbia di un'esposizione, nonostante il suo istinto felino che spinge i nostri gatti alla scoperta rischiata del vasto mondo.

E un gatto molto affettuoso che apprezza il contatto e la carezza. La dolcezza della sua pelliccia si ritova nella sua carezza.

Il suo pelame è sprovvisto di sottopelo, s'intrica poco, agevolandone il mantenimento. Però la muta di primavera necessita un mantenimento più frequente.

Photo Michel Pothier

Standard

Leggermente più lunga che larga la testa, veduta di faccia forma un triangolo dai contorni arrotondati. E più larga fra i maschi che fra le femmine. Le guance sono alte e leggermente proeminenti. Di profilo la fronte è leggermente arrotondata e prolungata da una leggera declività al livello degli occhi che porta a un naso leggermente arcuato.

Ben disegnato il muso è arrotondato e ben proporzionato con il resto della testa. Si può vedere un leggero pinch, talvolta nascosto dalla pelliccia, ma che si percepisce bene quando si accarezza il pelo del gatto alla rovescia. Il mento è arrotondato.

Grandi e espressivi gli occhi a forma di noce sono leggermente posti di sbieco. Sono preferibilmente azzurri, dorati, o dispari, con la sfumatura più uniforme e intensa possibile.

Di taglia media a grande, le orecchie sono situate abbastanza in alto sulla testa senza essere verticali. Larghe alla loro base, la loro estremità è arrotondata. L'interno delle orecchie è ben fornito.

Di taglia media l'incollatura è ben muscolosa, porta un collare abbondante, quando il gatto è ben fornito in inverno.

Di formato lungo e potente, il corpo è lungo, grande e forte. La muscolatura potente e arrotondata s'indovina sotto il pelame. Il petto è particolarmente sviluppato, largo e aperto, le spalle sono ben disegnate e la gabbia toracica è arrotondata (non ci sono costole piatte) Il bacino è più stretto delle spalle, specialmente fra i maschi.

Di lunghezza media le zampe hanno un'ossatura moderata ma una muscolatura molto forte.

Ben disegnati i piedi sono rotondi con ciuffi di peli interdigitali.

Di lunghezza media la coda ben fornita è portata come un pennacchio. E preferibile che il colore della coda si prolunghi sulla groppa.

Di lunghezza media il manto ha una tessitura dolce come il cachemire con il meno di sottopelo lanoso possibile. Retaggio del clima continentale della sua terra di origine, il turco del Lago di Van ha due pellicce. D'estate il suo pelame è quasi corto, tranne la coda, il ventre e alcune parti dei pantaloncini questo indica che si tratta di un gatto a pelo semi-lungo. D'inverno, il turco del Lago di Van è una palla di peli densi e impenetrabili, più lunghi e più spessi che d'estate. D' estate come d'inverno, la pelliccia è corta sulla faccia. L'importanza della pelliccia,e particolarmente del collare e della coda, cresce con l'età, i maschi maturi essendo sotto questo aspetto, i soggetti più impressionanti.

Mantello

Il Turco del Lago di Van ha un motivo di manto caratterisqtico nel quale, idealmente, soltanto la parte alta della testa e la coda sono colorate. Le macchie sulla testa devono disegnare due fiamme sulla fronte e il dietro del cranio, possibilmente simetriche e separate da un V invertito che risale sulla fronte. Le orecchie sono bianche. Indotta dal gene S la ripartizione del bianco essendo aleatorio, perfino nello stato omozigotico, si ammettono due o tre macchie sulla schiena e sul retro delle zampe a patto che il colore non sorpassi 20% della superficie del gatto, testa e coda comprese. I cuscinetti sono rosei. Alcuni punti colorati sono ammessi se non sono troppo invadenti.

All'origine, il Turco del Lago di Van era bianco con motivi rossi.

Oggi tutti i colori solidi (cioè uniti) sono ammessi sul modello bianco, tranne i colori basati sul cioccolato, lilla, cannella e fulvo.

Photo Michel Pothier

Il Turco del Lago di Van completamente bianco è riconosciuto sotto il nome: Van Kedesi

YORK CHOCOLATE

Photo Nickstein00

Storia

Lo York chocolate è un gatto a pelo semilungo di colore cioccolato o lilla, con o senza macchie bianche.

La razza è nata dall'apparizione accidentale di un gattino cioccolato da una cucciolata di gatti di casa da Janet Chiefari a New York.

La razza è stata chiamata York chocolate in omaggio alla sua città di origine ed al colore. È stata riconosciuta nel 1992.

Carattere

È un gatto allegro, energico e giocoso che ha tendenza a sviluppare una relazione più esclusiva con uno dei membri della famiglia.

Standard

Quasi toronda quando vista di faccia, la testa è di dimensioni medie. Vista di profilo, la fronte è leggermente curva e c'è, senza interruzioni, una leggera pendenza concava tra la fronte ed il naso. Il naso è diritto o leggermente curvo.

Di media lunghezza, il muso non è nè appuntito nè rotondo. Il mento è fermo.

Ovali, gli occhi sono grandi e ben aperti. Possono essere color oro o verdi. Gli occhi blu o spaiati (un occhio blu ed uno verde od oro) sono accettati nei parti-color. Orecchie: tanto alte che larghe alla base, sono poste ad ugual distanza dai lati e dalla sommità della testa. Sono ben fornite.

Abbastanza lunga, l'incollatura può sembrare più corta di quanto non sia in realtà a causa della densità della pelliccia.

Di formato semi-foreign, il corpo è sia elegante che muscoloso.

Lunghe, le zampe sono fini, ma con una muscolatura importante.

I piedi, rotondi, sono piuttosto piccoli.

Abbastanza spessa alla base, la coda è relativamente lunga, seppur in proporzione al corpo.

Fine e setosa, la pelliccia è densa ma con pochissimo sottopelo. Corta ed irregolare sulle spalle, si allunga gradualmente sui fianchi sino a raggiungere la piena lunghezza sul ventre ed i pantaloncini. Ci può essere un collaretto secondo le stagioni. La coda è ben fornita.

Mantello

I due soli colori accettati sono il cioccolato ed il lilla, con o senza bianco, che devono essere il più possibile profondi ed uniformi. La proporzione di bianco nel parti-color va da un terzo alla metà della superficie del gatto. I gatti possono avere dei segni tabby (segni fantasma) od una leggera colorazione di pelo che assomiglia a del tipping.

C – RAZZE A VOLTE CON PELO SEMILUNGO ED CORTO

AMERICAN BOBTAIL
AMERICAN CURL
BRITISH
BOBTAIL GIAPPONESE
KURILEAN BOBTAIL
LAPERM
MUNCHKIN
PIXIE BOB
SELKIRK REX
SELKIRK STRAIGHT
TONKINESE

AMERICAN BOBTAIL

Photo Klarissae

Storia

L'American Bobtail o Bobtail Americano è una razza di gatto ordinario degli Stati Uniti, derivata da una mutazione genetica caratterizzata da una quasi assenza di coda.

I primi soggetti furono scoperti in Arizona dalla famiglia Sanders. La razza è riconosciuta dall'1989.

L'American Bobtail esiste con il pelo corto o il pelo semi-lungo.

Carattere

Esistono parecchi tipi di coda:
- Snag: 2 a 8 vertebre fortemente sformate e unite tra di loro. La coda è spesso diritta o leggermente ricurva in giù.

- Spirale: 5 a 10 vertebre formando una spirale o un amo. Questo tipo di coda è quello più ricercato.
- Frusta: 5 a 10 vertebre portate diritte e misurando circa 2/3 di una coda normale.
- Delayed: 5 a 7 vertebre cominciando normalmente (diritte) e terminandosi con un uncino. Questo tipo di coda viene considerato come uno sbaglio.

L'American Bobtail è affettuoso, mediocremente attivo ed emotivo ma poco aggressivo. Paziente con i bambini, tollera la presenza di un cane.

Standard

La testa è larga con mascelle potenti, senza superficia piana. Veduto di profilo, il naso presenta un incurvamento dolce tra gli occhi, ma ci può essere un leggero stop. Le guance sono piene. Il mento è forte.

Il muso è largo quanto lungo con dei pastoni ben definiti.

Grandi e larghi, di forma ovale, gli occhi sono di sbieco in rapporto alla base dell' orecchio. Il colore deve essere più uniforme possibile.

Di misura media, le orecchie sono larghe alla base, bene aperte e situate abbastanza in giù sulla testa. Sono leggermente arrotondate con dei pennacchi (lynx tips) alla loro estremità. L'interno è fornito bene di peli abbondanti.

In proporzione con il corpo, l'incollatura appare corta e potente per via della potente muscolatura e della densità della pelliccia.

Di formato semi-cobby, il corpo atletico e potente, è leggermente più lungo che alto. I fianchi sono larghi e la schiena è diritta. Il petto è pieno e le anche sono forti. I maschi devono essere più forti,con spalle larghe e un' apparenza muscolosa. Le femmine devono pure essere muscolose, serbando però un'eleganza femminile.

Proporzionate in rapporto con il corpo, le zampe hanno un'ossatura pesante e una muscolatura potente. Quelle posteriori sono leggermente più lunghe delle anteriori.

I piedi sono larghi e rotondi.

Naturalmente corta e pieghevole, la coda misura tra 2,5 e 10 centimetri (senza i peli) e non deve sorpassare la punta del garretto.

Pelo corto: pelame mediamente corto, leggermente irsuto con il pelo un po' più lungo sul collare, il culice, il ventre e la coda. Variazioni stagionali sono notevoli.

Pelo semi-lungo: pelame semi-lungo, denso, irsuto, con molto sottopelo. E più abbondante sul collare, il culice, il ventre e la coda. Ciuffi di peli tra le dita sono augurabili. Si ammettono variazioni stagionali. La tessitura è densa e resiliente in ogni stagione.

L'American Bobtail deve dare l'apparenza di un gatto attivo, agile, atletico e ben proporzionato, con una coda nè troppo lunga nè troppo corta, ciò che urterebbe il suo equilibrio naturale.

Incroci autorizzati

American Bobtail pelo corto X American Bobtail pelo corto
American Bobtail pelo lungo X American Bobtail pelo lungo
American Bobtail pelo corto X Amercan Bobtail pelo lungo

Mantello

Tutti i colori.

AMERICAN CURL

Photo Tanakawho

Storia

L'American Curl è una razza di gatto originario degli Stati-Uniti derivata da una muta genetica caratterizzata da orecchie ricurve.

Il primo esemplare è apparso nel 1983 negli Stati-Uniti.

La razza è stata riconosciuta nel 1987.

L'American Curl esiste con pelo corto e con pelo semi-lungo.

Carattere

La forma dominante Cu è responsabile delle orecchie ricurve (curl) cioè ripiegate all'indietro. Questo gene è caratteristico dell'American Curl.

E affettuoso, mediocremente attivo ed emotivo ma poco aggressivo. Tollera la presenza di un cane.

Photo Wikipedia

Standard

La testa, di taglia media, è triangolare, più lunga che larga e senza faccia piana. Veduta di profilo si delinea in curve dolci dal cranio fino a un naso piuttosto diritto.

Veduto di faccia il muso viene in prolungamento nel triangolo della testa senza pinch e con dei contorni arrotondati. Il mento è forte.

Moderatamente grandi in proporzione con la testa, gli occhi sono in forma di noce, ovali al di sopra, rotondi al di sotto. Sono spaziati l'uno dall'altro di circa la larghezza di un occhio. Tutti i colori di occhi uniformi sono ammessi. I più vivaci ed i più brillanti sono preferibili.

Le orecchie sono un elemento costitutivo ed essenziale della razza. Ricurve al di sopra della testa come due crescenti di luna, formano un arco di 90° al minimo e di 180° al massimo all'indietro. La punta dell'orecchio non deve toccare il cranio. L'orecchio non deve curvarsi fino al punto di chiudersi e toccare con la punta il rovescio dell'orecchio. Larghe alla base le orecchie sono formate con una cartilagine rigida su almeno un terzo della loro lunghezza. L'estremità è flessibile e arrotondata. Le due orecchie devono avere una curvatura simetrica. Peli all'interno sono augurabili. La forma particolare delle orecchie dell'American Curl non devono intralciare i loro movimenti naturali quando il gatto è attento o sta in all'erta.

Abbastanza lunga l'incollatura è fine e graziosa.

Di formato semi-foreign, il corpo è elegante e rettangolare. La lunghezza del corpo è uguale una volta e mezzo al garretto. L'american Curl è un gatto di taglia media, i maschi essendo spesso più grandi delle femmine. La muscolatura è lunga e tonica. L'ossatura è media, nè pesante nè fine.

Di lunghezza media, in proporzione con il corpo, le zampe sono bene paralleli tra di loro. L'ossatura è media.

I piedi di taglia media sono rotondi.

Spessa alla base, la coda è così lunga come il corpo. Deve essere flessibile.

Pelo corto; manto corto, setaceo, ben vicino al corpo con poco di sotto pelo. La pelliccia della coda è così lunga come quella del corpo.

Pelo lungo: manto semi- lungo, tessitura fine, setacea, ben vicina al corpo. Sotto pelo minimale. Ha la forma di penna, deve essere relativamente fornita.

Incroci autorizzati

American Curl pelo corto X American curl pelo corto

American Curl pelo lungo X American Curl pelo lungo
American Curl pelo corto X American Curl pelo lungo

Mantello

Tutti i colori.

BRITISH

 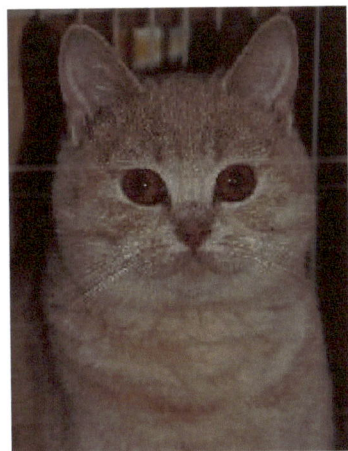

Photos Isabelle Bonte

Storia

Il British è una razza di gatti originaria della Gran Bretagna.

Proviene dal gatto comune d'Inghilterra, discendente dai gatti che accompagnarono i romani durante la conquista ed occupazione delle Isole Britanniche. Fu la prima razza di gatti a pelo corto riconosciuta in Inghilterra nel XIX secolo e fu eposta al Crystal Palace nel 1871.

Del suo lontano passato di gatto randagio, ha mantenuto robustezza e solidità. Esiste in numerosi colori. Il suo carattere pieno di dolcezza conferma le promessa del suo aspetto pieno di rotondità.

Esiste pure in varietà a pelo lungo.

Carattere

Il British è un gatto di taglia da media a grande, robusto e potente, tutto costruito in rotondità. La testa rotonda, a forma di mela, ha un'espressione dolce ed aperta rafforzata dai suoi grandi occhi. Il muso rotondo e corto, il suo forte collare, il corpo potente con le spalle ed anche molto larghe e rotonde, fanno di lui un gatto imponente. Emana un'impressione generale di forza e di dolcezza.

Photo Isabelle Bonte

Standard

La testa è larga con contorni ben arrotondati quale che sia l'angolo sotto il quale la si guardi. Le guance sono piene. Il cranio è arrotondato e discende con una curva leggermente concava. Il naso è corto e largo. Un leggero stop è ammesso. I maschi adulti hanno delle guance cascanti posenti.

Sia visto di faccia che di profilo, il muso si inscrive in un cerchio ben definito con cuscinetti dei baffi fermi e pieni. Il naso ed il bordo del naso sono diritti. La punta del naso è posta in allineamento col mento, ben fermo.

Rotondi, grandi e ben aperti, gli occhi sono ben distinti uno dall'altro, il che accentua ancor più la larghezza del naso. Il colore deve essere uniforme in accordo con quello del manto. Le tonalità più intense e più brillanti sono le preferite.

Larghe alla base, le orecchie sono di taglia da media a piccola, arrotondate all'estremità e piazzate ben spaziate tra loro, in modo da rispettare il contorno arrotondato della testa.

Tozzo e muscoloso, il collare è molto corto tanto da sembrare inesistente.

Di formato semi-cobby, il corpo è largo, spesso, muscoloso e ben rotondo. L'ossatura è robusta e la muscolatura potente. La taglia è da media a grande.

Di taglia media, le zampe sono leggermente meno alte della lunghezza del corpo. L'ossatura è robusta e la muscolatura potente.

I piedi sono rotondi e fermi.

Spessa alla base, la coda misura circa due terzi del corpo. Essa mantiene più o meno lo stesso spessore, dalla base alla punta arrotondata. Nel British longhair, la coda deve essere abbondante ed a pennacchio.

Photo Isabelle Bonte

British Shorthair : il mantello è corto, denso, fermo ed eretto al punto di aprirsi sul collare allorchè il gatto gira la testa. Si può compararlo al pelo di un tappeto di lana. Il mantello possiede uno spesso sottopelo e dà l'impressione di una buona protezione naturale.

British Longhair : il mantello è semi-lungo, setoso, con uno spesso sottopelo. Il collare ed il retro sono ben abbondanti.

Incroci autorizzati

British Shorthair x British Shorthair
British Shorthair x British Longhair
British Longhair x British Longhair

Mantello

Tutti i colori sono riconosciuti.

BOBTAIL GIAPPONESE

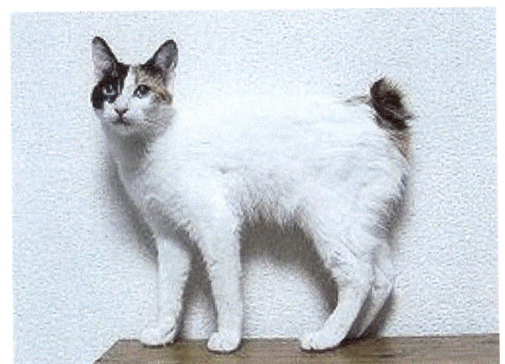

Photo Wikipedia

Storia

I bobtail giapponese è una razza di gatto originario del Giappone. Questo gatto è caratterizzato dalla sua coda che si arrotola su sè stessa.

Nel Giappone, il gatto è il simbolo di felicità. E associato alla statuetta portafortuna del gatto che saluta, chiamata **maneki-neko (maneki=felicità, neko=gatto,** il gatto porta fortuna o gatto che saluta) che è supposta scansare i guai o le malattie.

Quando il bobtail giapponese è tricolore (tartaruga e bianco) è conosciuto sotto il nome di **Mi-Ke (三毛, tre peli=tre colori)** ed è un simbolo dell'amicizia e un portafortuna.

Il bobtail giapponese è riconosciuto negli Stati-Uniti dal 1968.

Il bobail giapponese esiste con il pelo corto e con il pelo semi-lungo.

Carattere

La forma dominante del gene Jb è responsabile della coda a modo di pompon. Questo gene è caratteristico dei bobtails.

E un gatto amichevole e fedele che segue il suo proprietario nelle sue minime attività. Possiede una voce particolare che gli permette di comunicare i suoi bisogni ai suoi proprietari. E un gatto socevole che si sente infelice quando vive solitario.

Standard

La testa forma, vista di faccia, un triangolo equilatero quasi perfetto con curve dolci e pomelli alti.Il naso è abbastanza lungo e ben delineato da due linee paralleli. Di profilo, la fronte è leggermente arrotondata, scende su una pendenza concava al livello della nascita del naso.

Il muso è relativamente largo e arrotondato con un pinch ben segnato e visibile. Non è nè appuntito nè massiccio. Il mento è forte.

Grandi e più ovali che rotondi, gli occhi sono ben aperti e espressivi. Di profilo, sono francamente di sbieco. Il globo dell'occhio non deve essere affondato nelle orbite o nella fronte. Tutti i colori sono ammessi a patto che siano in armonia con il manto. Gli occhi azzurri o dispari sono frequenti fra i gatti bicolori e bianchi.

Grandi e ben erette ed espressive, le orecchie formano, viste di faccia, un angolo retto con la testa. Mai dirette verso l'esterno, danno l'impressione di essere chine verso l'avanti.

Nè troppo lunga nè troppo corta, l'incollatura è in armonia con il corpo.

Di formato semi-foreign, il corpo è lungo, sottile e elegante senza essere tubulare. Le linee sono nitide e ben disegnate. Il dorso è diritto.

In armonia con il corpo, le zampe sono alte e fini senza essere fragili o delicate. I posteriori sono più alti degli anteriori e fortemente angolose. Gli appiombi avantri/dietro sono ben paralleli.

I piedi sono piccoli e ovali.

La coda è naturalmente arrotolata su sè stessa in modo da formare un pompon. Portata abbastanza alta quando il gatto è rilassato può essere flessibile o rigida. I peli sono sufficentemente lunghi per nascondere completamente la struttura ossea.

Per il bobtail giapponese pelo corto, la pelliccia è fine e setosa, di lunghezza corta a media, con molto poco di sotto pelo.

Per il bobtail giapponese pelo lungo, la pelliccia è fine e setosa, di lunghzza media a lunga, con molto poco di sotto pelo. Ci può essere un collaretto. Il pelo cade naturalmente sui fianchi e sventola formando calzoncini all' indietro dei posteriori.

Incroci autorizzati
Bobtail giapponese pelo corto X Bobtail giapponese pelo corto
Bobtail giapponese pelo corto X Bobtail giapponese pelo lungo
Bobtail giapponese pelo lungo X Bobtail giapponese pelo lungo

Mantello
I gatti di colori solidi devono avere un manto unito e profondo, dall' estremità di ogni pelo fino alla radice. Fra i gatti bicolori e tricolori chiamati "Mike" le macchie devono essere sufficientemente distinte e contrastate per dare un effetto spettacolare. Si dà una preferenza notevole a questi colori.

Tutti i colori sono ammessi tranne quelli basati sul cioccolato, lilla, cannella e fulvo.

KURILIAN BOBTAIL

Photo Dushka

Storia

Le isole Kurile sono situate tra la penisola del Kamchatka in Russia e il nord dell'isola d'Okkaido, nel Giappone, sono conosciute per essere state a lungo contese dalla Russia e dal Giappone. Vi si trova una razza di gatti a coda a pompon, il Bobtail delle Kurile o Kirilian bobtail.

La sua coda a pompon è il frutto di una mutazione genetica naturale.

Il Bobtail giapponese non è forse straniero all' origine del Kurilian bobtail.

Il Kurilian Bobtail esiste con pelo corto e con pelo semi-lungo.

Carattere

Il Kurilian Bobtail è un gatto curioso, socevole e molto intelligente.

Standard

Vista di faccia, la testa è a forma di trapezio, larga al livello dei pomelli alti e prominenti. Di profilo, la linea della fronte è prolungata da una leggera pendenza concava che porta a un naso largo e diritto.

Potente e segnato, il muso è forte come il mento.

Quasi rotondi, gli occhi sono grandi e piazzati leggermente obliqui. Tutti i colori sono ammessi senza relazione tra il manto e il colore.

Di taglia media le orecchie sono bene spaziate l'una dall'altra.

Potente, l'incollatura è abbastanza corta.

Di formato semi-cobby, il corpo è compatto e potente. Dalle scapole alla groppa la linea del dorso è arcuata.

Di lunghezza media, le zampe hanno un' ossatura robusta e una muscolatura potente.

Les pieds sont ronds.

Lunga da 3 a 8 cm, non compresa la pelliccia, la coda è composta di parecchi gomiti o nodi irregolari.

Kurilian bobtail pelo corto: pelliccia corta e vicina al corpo, con un pelo di guardia importante e un sotto pelo sviluppato.
Kurilian bobtail pelo lungo: pelliccia semi-lunga con un pelo di guardia importante e un sotto pelo sviluppato.

Incroci autorizzati
Kurilian bobtail pelo corto X kurilian Bobtail pelo corto
Kurilian Bobtail pelo corto X Kurilian Bobtail pelo lungo
Kurilian Bobtail pelo lungo X Kurilian Bobtail pelo lungo

Mantello
Tutti i colori.

LAPERM

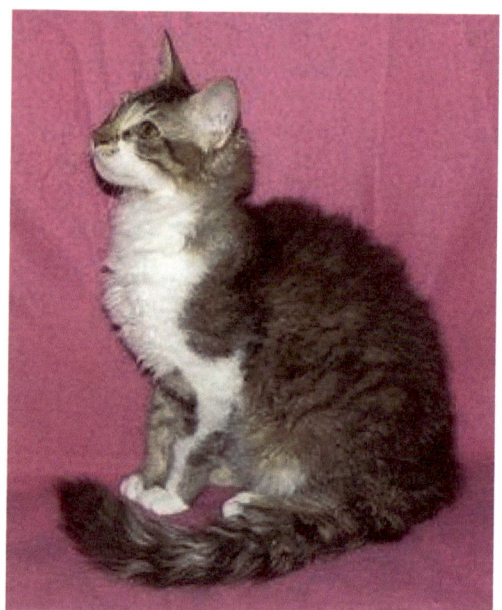

Photo Bebopscrx

Storia

Il Laperm è caratterizzato dal suo manto con pelo riccio.

E originario degli Stati-Uniti, ed è derivato da una mutazione spontanea apparsa nel 1982 nello stato dell' Oregon. Linda Koehl ha coltivato questa particolarità per farne una razza.

Il Laperm esiste con pelo corto e semi-lungo.

Carattere

La forma dominante del gene Lp dà una pelliccia setosa e ondulata a forma di onde. Questo gene è caratteristico del Laperm.

Il Laperm è un gatto molto affettuoso a cui piace arrampicarsi sulla spalla dei suoi proprietari.

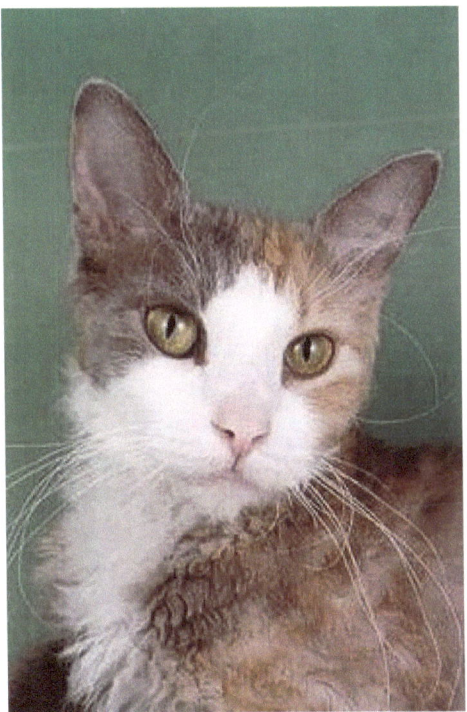

Photo Henderson30

Standard

Vista di faccia, la testa è di forma triangolare dai contorni adolciti. Di profilo, la fronte piana è prolungata da una leggera pendenza concava tra la fronte e il naso, senza interruzione. Il naso è largo e diritto.

Piuttosto largo riguardo al resto della testa, il muso ha dei pastoni pronunciati. Il mento è forte.

Di taglia media, gli occhi sono a mandorla quando il gatto sta riposando e arrotondati quando sta in all'erta. Sono leggermente situati di sbieco. Tutti i colori sono ammessi, senza relazione con il colore del manto.

Situate nel prolungamento della testa, le orecchie sono di taglia media ma con una base ben aperta. Ciuffetti sono apprezzati.

Di taglia media, l'incollatura è portata abbastanza alta.

Di formato semi-foreign, il corpo è di lunghezza media, elegante e ben muscoloso.

In armonia con il corpo, le zampe hanno un'ossatura media.

I piedi sono rotondi.

Di lunghezza media, la coda è in proporzione con il corpo.

La pelliccia è ondulata a forma di onde. Il suo contatto è unico fra i Rex. La sua pelliccia, morbida non è mai ispida ma può invece aprirsi fino alla pelle se vi si soffia sopra.
Laperm pelo lungo: pelliccia semi-lunga. I riccioli sono presenti sopratutto sulla gola dove formano un collaretto. L'interno e la base dell'orecchio sono forniti di riccioli che scendono sui lati della testa. I baffi e le sopracciglia sono lunghissimi e ben riccioluti. La coda porta un pennacchio leggero come una penna.
Laperm pelo corto: pelliccia mediamente corta e ondulata. Non ci sono riccioli sul collaretto nè sotto le orecchie. La coda è ben fornita e dà l'apparenza di uno"scovolo".

Incroci autorizzati

Laperm pelo corto X Laperm pelo corto
Laperm pelo corto X Laperm pelo lungo
Laperm pelo lungo X Laperm pelo lungo

Mantello

Tutti i colori

MUNCHKIN

Photo Terri Harris

Storia

Il **Munchkin** è caratterizzato dalle sue zampe corte che gli valgono talvolta il soprannome di gatto bassotto. Il nome viene dalla leggenda del Mago d'Oz nella quale i Munchkin sono piccoli umanoidi.

E originario degli Stati-Uniti ed è derivato da una muta spontanea apparsa nel 1983 nello stato della Luisiana. Sandra Hochenedel ha coltivato questa particolarità per farne una razza. Gatti di casa e altre razze sono stati utilizzati per fissarne il tipo prossimo a quello europeeo.

Il Munchkin esiste con pelo corto e pelo lungo.

Carattere

La forma dominante del gene Mk è responsabile di un accorcimento della lunghezza delle zampe. Questo gene è caratteristico del Munchkin. Funziona solo sulla lunghezza delle zampe.

I gatti omozigotici (MkMk) non possono sopravvivere e muoiono generalmente in utero. Il Munchkin con zampe corte è dunque eterozigotico (MKmk) e trasmette questo carattere soltanto a una parte della sua discendenza.

Il munchkin è un gatto dal carattere di un gattino. E molto attivo, molto socevole, dall'indole piuttosto gregario. La taglia delle sue zampe non l'impediscono di correre alacrità.

Standard

A forma di triangolo addolcito è in proporzione con il corpo, la testa mostra contorni arrotondati. La fronte e il cranio sono leggermente arrotondati. La base del naso è ben definita, senza stop ma con un leggero cambiamento di direzione. Il naso per lo più è diritto. I maschi hanno una testa più forte delle femmine.

Ben definito il muso è forte ma senza pinch. Il mento è forte.

Di taglia media a grande, gli occhi sono a forma di noce e posti di sbieco. Tutti i colori sono ammessi senza relazione tra il colore degli occhi e quello del manto. Deve essere però il più brillante e luminoso possibile.

Di taglia media, le orecchie sono larghe alla base. Sono abbastanza spaziate l'una dall'altra e hanno un' estremità leggermente arrotondata. Sono bene fornite nella varietà con pelo lungo.

L'incollatura è di taglia media, abbastanza spessa e ben muscolosa.

Di tipo semi-foreign, il corpo è di taglia media a grande e si delimita in un rettangolo. Il petto è largo, cilindrico e bene sviluppato. L'ossatura è forte e la muscolatura potente. Le scapole sono salienti senza essere prominenti.

Corte e solide, le zampe sono ben proporzionate. Quelle anteriori hanno un braccio e un avambraccio di uguale lunghezza. Per i posteriori, la coscia e il garretto pressapoco uguali. Anteriori e posteriori devono essere i più diritti possibili con un'ossatura media e una buona muscolatura. Le zampe posteriori sono leggermente più alte delle anteriori.

Rotondi e forti, i piedi sono più piccoli fra le femmine che fra i maswchi.

Spessa alla base, la coda è di lunghezza media e va affilandosi verso un'estremità arrotondata. E portata alta e ben diritta quando il gatto si muove;

Per il Munchkin con pelo corto, la pelliccia è corta, mediamente densa e lucida, si avvicina al corpo senza sotto pelo eccessivo.

Per il Munchkin con pelo lungo, la pelliccia è mezza lunga e setosa e ha relativamente poco di sotto pelo. Un leggero collaretto è ammesso. Calzoncini ben forniti e una coda a pennacchio sono apprezzati.

Incroci autorizzati
Munchkin X Munchkin
Munchkin X European shorthair

Mantello
Tutti i colori

PIXIE BOB

Photo Nathalie Bent

Storia

Seconda la leggenda, il Pixie Bob è il risultato d'incroci naturali tra il gatto domestico e il Lynx rosso (Lynx Rufus) ugualmente conosciuto sotto il nome di Bobcat.

Gatti di fattoria, con un'apparenza che può accreditare questa leggenda, esistono negli Stati-Uniti.

Nel 1985 Carol Ann Brewer, allevatrice americana lanciò un programma di allevamento nello scopo di creare questa razza, utilizzando questi gatti di fattoria con questa caratteristica.

La razza fu chiamata Pixie Bob e fu riconosciuta nel 1994.

I testi genetici effettuati non dimostrano tracce di origine selvatica nella razza.

Il Pixie Bob esiste con pelo corto e pelo semi-lungo.

Carattere

Uno dei soggetti utilizzati per creare il Pixie Bob aveva la particolarità di essere polidattile, particolarità che si ritrova oggi in questa razza.

In alcuni paesi non si può incrociare due Pixie Bob polidattili, per diminuire la diffusione del gene nella razza. Un Pixie Bob polidattile non può, per via di conseguenza, essere incrociato con un Pixie Bob non polidattile.

Il Pixie Bob è un gatto molto equilibrato, affettuoso e docile. Gli piace seguire il suo maestro come un cane.

In alcuni paesi, gatti polidattili non sono ammessi in esposizione.

Standard

In forma di grossa pera rovesciata quando è vista di faccia, la testa è di taglia media a grande. Di profilo, la fronte è leggermente convessa e prolungata da un leggero stop. Il muso è grosso, leggermente arcuato e forma una leggera piccola gobba. Il naso color mattone è particolarmente largo.

Largo e forte il muso ben segnato è formato da pastoni carnosi. Il mento è ben sviluppato e ricoperto da una pelliccia folta. Il mento forte forma un angolo diritto con l'estremità del naso.   (l'insieme naso/muso/ mento è descritto come un diamante dalle faccette arrotondate.)

Di taglia media, gli occhi sono in forma di triangolo addolcito. Le sopracciglia cespugliose formano una prima linea orizzontale che prosegue alla verticale con una linea che procede lungo il naso. Il triangolo è chiuso con una diagonale che parte dall'angolo interno dell'occhio verso l'orecchio. Ben spaziati l'un dall'altro, gli occhi, un po' coperti da palpebre pesanti, danno L'impressione che il Pixie Bob sia a metà addormentato. Il trucco è formato da una striscia color crema o bianco crema che circonda l'occhio e da linee di mascara che prolungano l'angolo dell'occhio fino alle guance.I colori preferiti vanno dal dorato al nocciola. Il verde color ribes è ammesso.

Di taglia media, le orecchie sono larghe alla base con l'estremità arrotondata. Sono poste a distanza uguale dalla sommità e dai lati del cranio, leggermente inchinate verso l'esterno. Ciuffetti (lynx tips) all'estremità delle orecchie sono augurabili, così come le marcature di pollice all'indietro delle orecchie.

Di taglia media, l'incollatura è forte e muscolosa.

Di formato lungo e potente, il corpo è di taglia media a grande. Le spalle sono prominenti, creando un'andatura ondeggiante. I fianchi sono profondi e potenti. Il petto è largo e ben sviluppato. Il dorso non è diritto. C'è un cavo dietro le spalle, prolungato da una leggera curva che scende verso le anche prominenti e leggermente più alte delle spalle, segue una lunga groppa "a leggìo" prolungata dalla coda. Una tasca ventrale è augurabile per i maschi come per le femmine.

Corta, la coda è di preferenza ben articolata, ma irregolarità ossee sono ammesse. Lunghezza minima:5 cm (circa la lunghezza del pollice), lunghezza massima, fino al garretto, quando la zampa è completamente rilassata. La lunghezza della coda è determinata dall'ultima zona ossea. Al riposo, la coda è portata giù.

Le zampe sono lunghe e muscolose, con una forte ossatura.

Grandi e larghi i piedi sono quasi arrotondati con grosse falange e dita carnose.

Per il Pixie Bob con pelo corto, il manto è dolce, lanoso e resiliente al contatto. Il pelo, che non deve essere troppo vicino al corpo, è più lungo sul ventre.

Per il Pixie Bob con pelo lungo il manto è molto dolce, e più vicino al corpo che per il pelo corto. Non sorpassa 5 cm di lunghezza.

Nella varietà con pelo corto, la pelliccia sulla testa e la faccia è molto folta, con sopracciglia spesse e una direzione di crescita in giù. Il pelo si separa facilmente e sembra ben addattato a condizioni climatiche difficili. Cambiamenti stagionali sono notevoli nella tessitura, il colore e la lunghezza del pelo. D'estate, la pelliccia è più corta che d'inverno e il modello spotted tabby è ben visibile. D'inverno la densificazione del pelo rinforza il ticking e dà l'impressione che la pelliccia sia cosparsa di brina. L'unico colore ammesso in campionato è un brown spotted tabby largamente smorzato da un importante ticking. Gli spots sono disposti sul corpo in modo aleatorio (mackered o blotched interrotti) Le rosette sono ammesse e il ventre è macchiato. Tutte le sfumature più o meno chiare brown spotted tabby sono ammesse, benchè toni caldi siano augurabili. L'apparenza selvatica del colore è data da una base di peli grigio topo prolungato da un ticking invertito: Le strisce più scure sono vicine alla pelle e le strisce più chiare sono all'estremità del pelo. Il colore delle strisce "aguti" corre dal marrone al marrone scuro, ogni pelo portando parecchie strisce di colori alternati. Le strisce chiare all'estremità di ogni pelo danno l'impressione, più intensa d'inverno, che la pelliccia sia cosparsa di brina. Il ventre non è maculato e tende verso il bianco crema, sempre su una base grigio topo. Il mento e la parte interna dell'incollatura sono di un colore più spento. I cuscinetti all'indietro delle zampe e l'estremità della coda sono bruno nero o neri.

Incroci autorizzati

Pixie Bob X Pixie Bob

Mantello

Nero, motivo spotted tabby unicamente (brown spotted tabby)

SELKIRK

Photo Ciaccia

Storia

Il Selkirk è caratterizzato dal suo manto con pelo riccio.

E originario degli Stati-Uniti ed è derivato da una muta spontanea apparsa nel 1987 nello stato del Wyoming. Jeri Newmann, allevatrice di persiani, ha coltivato questa particolarità utilizzando persiani, Imalaiani, American Shorthair, British Shorthair. Il suo nome venne da una montagna del Wyoming.

La razza è riconosciuta dal 1992.

Il Selkirk con peli normali è riconosciuto sotto il nome di Selkirk Straight. Non è ammesso in campionato.

Il Selkirk rex e il Selkirk Straight esistono con pelo corto e con pelo semi-lungo.

Carattere

La forma dominante del gene Se dona peli ricciuti e abbondanti. Questo gene è caratteristico del Selkirk rex.

L'indole del Selkirk rex è una combinazione di razze che sono alla sua origine. Ha la natura affettuosa del persiano e l'atteggiamento biricchino dell'Exotic shorthair, la riservatezza e la spigliatezza del British shorthair.

Photo Jean Goyer

Standard

La testa è larga con contorni ben arrotondati, qualsiasi l'angolo secondo il quale viene osservata. Le guance sono piene. Il cranio è arrotondato, scendendo con una curva leggermente convessa. Il naso è corto e largo. Un leggero stop è ammesso. I maschi adulti hanno pastoni potenti.

Visto di faccia come di profilo, il muso si delinea in un cerchio ben definito con pastoni forti e pieni. Il naso e la linea del naso sono diritti. L'estremità del naso è situato nell'allineamento del mento che è ben forte.

Rotondi, grandi e ben aperti, gli occhi sono ben spazziati l'uno dall'altro, ciò che mette in evidenza per di più la larghezza del naso. Il colore deve essere uniforme e in armonia con quello del manto. Le tonalità più intense e brillanti sono preferite.

Larghe alla base, le orecchie sono di taglia media a piccola, arrotondate alla loro estremità. Sono situate ben spaziate l'una dall'altra, in modo da rispettare la rotondità della testa.

Tozza e muscolosa l'incollatura è molto corta fino a sembrare inesistente.

Di formato semi-cobby, il corpo è largo, spesso, muscoloso e ben rotondo. L'ossatura è robusta e la muscolatura potente. La taglia è da media a grande.

Medie, le zampe sono leggermente meno alte della lunghezza del corpo. L'ossatura è robusta e la muscolatura potente.

I piedi sono rotondi e forti.

Spessa alla base, la coda misura circa i 2/3 del corpo. Conserva il medesimo spessore dalla nascita all'estremità arrotondata.

La pelliccia del Selkirk rex shorthair, densa e vellutata, forma dei riccioli più o meno liberi. I tre tipi di pelo (guardia, giarra e sottopelo) sono sottomessi alla muta e il pelo di guardia tende ad essere ruvido. C'è una maggioranza di riccioli sul collo, la gola, il ventre e la coda. I baffi e le sopracciglia sono riccioluti.

Fra i Selkirk rex shorthair, la pelliccia è di lunghezza media, densa, dolce e vellutata. Non deve essere troppo vicina al corpo ma mostrare un insieme di riccioli regolari.

Fra i Selkirk rex longhair, la pelliccia è semi-lunga, dolce e molto ricciolute. I riccioli, più lunghi che fra i peli corti, danno l'impressione di essere liberi e indipendenti fra di loro.

Incroci autorizzati

Selkirk X Selkirk
Selkirk X British Shorthair
Selkirk X British Longhair
Dans toutes les variétés du Selkirk (poil court ou mi-long, variété rex ou straight)

Mantello

Tutti I colori.

TONCHINESE

Photo Jessica Hubert

Storia

Incroci tra siamesi e burmesi sono stati osservati dal diciannovesimo secolo. Nel 1930, Canadesi si sono interessati a questo incrocio e hanno battezzato siamese dorato la razza così ottenuta.

La razza così ottenuta fu di nuovo battezzata tonchinese nel 1960 e riconosciuta nel 1974.

L'evoluzione dei gusti avviando la ricerca verso una morfologia più longinea nel siamese, l'incrocio siamese X burmese lasciò a poco a poco il posto all' incrocio dei tonchinesi tra loro, anche se l'apporto del siamese e del burmese sono autorizzati.

Il tonchinese esiste con pelo corto e con pelo semi-lungo.

Il tonchinese con pelo lungo viene chiamato talvolta tibetano.

Carattere

Il tonchinese riunisce le caratteristiche del siamese e del tonchinese.

Meno esclusivo che il siamese, è molto affezionato al suo proprietario e non gli piace la solitudine. E un gatto giocoso,attivo,che prova il bisogno di prodigarsi.

Photo Wikiarea655

Standard

Molto leggermente più lunga che larga, la testa ha una forma di triangolo dai contorni addolciti. Le linee laterali del triangolo, formate dalle mascelle sono nitide e leggermente arrotondate. Di profilo, il cranio e la fronte sono leggermente convessi e prolungati da un leggero stop al livello del naso, leggermente arcuato.

Di lunghezza media, il muso prolunga dolcemente il triangolo della testa, nè appuntito, nè eccessivamente arrotondato. Il mento è forte.

Piazzate a uguale distanza dai lati e dal vertice della testa, le orecchie sono di taglia media, larghe alla base e arrotondate all'estremità. Sono coperte di peli cortissimi e possono sembrare leggermente trasparenti.

In forma di noci, gli occhi sono situati leggermente di sbieco. Colore degli occhi: acquamarina (blu-verde fra i mink, blu pallido a blu viola fra i colourpoint, dorati a verdi fra i sepia). Le tonalità più brillanti, profonde e uniformi sono preferite.

Di lunghezza media, l'incollatura è ben muscolosa, notevolmente fra i maschi.

Di formato semi-foreign, il corpo è di taglia media, molto muscoloso ma senza pesantezza. Il petto è ben aperto e leggermente arrotondato.

Piùttosto fini, le zampe sono ben proporzionate, in rapporto con il corpo.

Più ovali che rotondi i piedi sono di taglia media.

Di taglia media, la coda va affilandosi fino ad un'estremità leggermente arrotondata.

Fra i tonchinesi con pelo corto, la pelliccia è particolarmente dolce al contatto, corta, densa, setosa, vicina al corpo.

Fra i tonchinesi con pelo lungo: semi-lunga e fine, la pelliccia è setosa e vicina al corpo. Non c'è quasi sotto-pelo. Il manto è più corto sulle spalle e va allungandosi sui fianchi. I calzoncini son ben forniti. Ci può essere un collaretto.

Incroci autorizzati

Tonchinese X Tonchinese
Tonchinese X Siamese tranne il particolore
Tonchinese X Balinese tranne il particolore
Tonchinese X Burmese inglese
Tonchinese X Tiffany sepia unicamente e non tipped

Mantello

Fra i tonchinesi il gene c_s del siamese (colourpoint) divide la dominanza con il gene c_b del burmese (sepia) nessun annulla nè modifica l'altro, ma dà un colore intermedio (mink)

<u>Tonchinese sepia:</u> modello sepia ($c_b c_b$): questo motivo particolare chiarisce il colore del corpo in una leggera degradazione di sfumature

delicate e calde, lasciando il dorso e le estremità più scuri dei fianchi, della gola e del ventre.

Tonchinese mink: modello mink (C_bC_s): Il gene C_s (colourpoint) divide la dominanza con il gene C_b (sepia) nessun annullando o modificando l'altro, ma dando un colore intermedio tra i due modelli. Il contrasto è meno segnato che fra i gatti colourpoint.

Tonchinese point: modello colourpoint (C_sC_s) Questo motivo chiarisce notevolmente il colore del corpo. I punti essendo francamente più scuri. A causa dell'azione dei poligeni, i manti possono essere più scuri di quelli dei siamesi e gli occhi possono essere di un blu meno intenso.

D – RAZZE ESCLUSIVAMENTE A PELO CORTO

AMERICAN SHORTHAIR
AMERICAN WIREHAIR
BENGALA
BOMBAY
BURMESE AMERICANO
CALIFORNIA SPANGLED
CEYLAN
CERTOSINO
CHAUSIE
DEVON REX
DONSKOY
GATTO EUROPEO
GERMAN REX
HAVANA BROWN
KORAT
OCICAT
PETERBALD
RAGDOLL
SAVANNAH
SINGAPURA
SNOWSHOE
SOKOKE
SPHYNX
THAI

AMERICAN SHORTHAIR

Photo dustin Warington

Storia

Dopo l'Egitto dei Faraoni e l'Europa, l'epopea del gatto l'ha portato via sulle navi dei coloni partendo alla conquista del Nuovo Mondo. Laggiù, le sue qualità ancestrali di prottetore delle raccolte ne fecero un gatto da fattoria molto pregiato.

Nel ventesimo secolo, i progressi della lotta contro i topi gli tolsero a poco a poco il suo ruolo utilitario e ne fecero definitivamente un animale di lusso.

Con lo sviluppo del gatto di razza, la ricerca dello standard, della bellezza e talvolta dell'originalità, numerose razze di gatti domestici sono riconosciute. Gli Stati-Uniti si accorgono del tesoro rappresentato dal loro gatto domestico e l'innalzano al rango di gatto di razza sotto il nome di American Shorthair.

Carattere

L'American Shorthair è un gatto di taglia media con un corpo atletico e una pelliccia corta e lucida, nel quale persiste la natura autentica dei suoi antenati, gatti di fattoria americani, custodi delle raccolte e cacciatori di topi. L'equilibrio è primordiale per questo gatto rustico. Ogni esagerazione morfologica che verrebbe a turbare la sua potenzialità fisica, è da respingere.

E affettuoso, mediamente attivo ed emotivo, ma poco aggressivo. Pazienti con i bambini, tollera la presenza di un cane.

Standard

Di taglia media in rapporto con il corpo, la testa, vista di faccia, s'iscrive in un quadrato. Le guance ben piene gli danno un'espressione dolce e aperta. Il naso è mediamente corto e della stessa larghezza su tutta la sua lunghezza. Visto di profilo, il cranio è arrotondato e la giuntura del naso segna uno stop addolcito.

Caratteristico della razza, il muso, senza essere corto, è ben segnato e quadrato. Le mascelle sono solidi e potenti. Il mento è forte.

Di taglia media a grande, gli occhi sono arrotondati e posti leggermente di sbieco. Il colore, brillante e luminoso, deve essere uniforme.

Di taglia media, le orecchie non sono troppo aperte alla base. Leggermente arrotondate all'estremità, sono bene spaziate l'una dall'altra.

Elemento importante nell'equilibrio generale del gatto, l'incollatura è di lunghezza media e muscolosa.

Di formato semi-cobby, il corpo è rettangolare e potentemente costruito. Il petto è ben aperto. Le spalle e le anche, della stessa larghezza, sono leggermente arrotondate. Il dorso è diritto e largo. L'ossatura è forte.

Dotate di un'ossatura robusta e d'una muscolatura potente, le zampe, bene paralleli, tra loro, sono di lunghezza media.

I piedi sono rotondi, con cuscinetti consistenti.

Spessa alla base e di lunghezza media, la coda va affilandosi fino ad un'estremità arrotondata.

Corta e regolare, la pelliccia è densa e ben lucida

Incroci autorizzati
American Shorthair X American Shorthair
American Shorthair X American Wirehair

Mantello
Tutti I colori tranne quelle basate sul cioccolato, lilla, cannella e fawn.

AMERICAN WIREHAIR

Photo Heikki Siltala

Storia

L'americano wirehair è una razza di gatto originario degli Stati-Uniti. Questo gatto è caratterizzato dal suo manto con peli ricciuti.

L'Americano wirehair è derivato da una particolarità genetica apparsa fra gli Americani Shorthair nel 1966.

La razza è riconosciuta nel 1987.

Carattere

La forma dominante del gene Wh rende i peli molto ricciuti e duri al contatto. Questo è il gene che caratterizza l'Americano Wirehair.

L'Americano Wirehair è affettuoso, mediamente attivo ed emotivo ma poco aggressivo. Paziente con i bambini, tollera la presenza di un cane.

Standard

Di taglia media in rapporto con il corpo, la testa, vista di faccia, s'iscrive in un quadrato. Le guance ben piene gli danno un'espressione dolce e aperta. Il naso è mediamente corto e della stessa larghezza su tutta la sua lunghezza. Visto di profilo, il cranio è arrotondato e la giuntura del naso segna uno stop addolcito caratteristico della razza, il muso, senza essere troppo corto, è ben segnato e quadrato. Le mascelle sono solidi e potenti. Il mento è forte.

Di taglia media a grande, gli occhi sono arrotondati e posti leggermente di sbieco. Il colore, brillante e luminoso, deve essere uniforme.

Di taglia media, le orecchie non sono troppo aperte alla base. Leggermente arrotondate all'estremità, sono ben spaziate l'una dall'altra.

Elemento importante nell'equilibrio generale del gatto, l'incollatura è di lunghezza media e muscolosa.

Di formato semi-cobby, il corpo è rettangolare e potentemente costruito. Il petto è ben aperto. Le spalle e le anche della stessa larghezza sono leggermente arrotondate. Il dorso è diritto e largo. L'ossatura è forte.

Dotate di un'ossatura robusta e di una muscolatura potente, le zampe ben paralleli tra loro, sono di lunghezza media.

I piedi sono rotondi con cuscinetti consistenti.

Spessa alla base e di lunghezza media, la coda va affilandosi leggermente fino all'estremità arrotondata.

In inglese la parola"wirehair" significa litteralmente "con pelo duro", ciò che si capisce agevolmente quando si osserva la pelliccia "filo di ferro" così particolare di questo gatto. La pelliccia dell'American Wirehair è composta di peli crespi, di peli piegati o spiegazzati, di peli dotati di un uncino alla loro estremità, chiamato"hook". Dalla combinazione di tutti questi peli risulta una tessitura dal contatto unico,insieme elastico, denso e ruvido. L'effetto generale è più importante della modificazione di ogni pelo. La qualità della pelliccia di un Americano Wirehair viene apprezzata dunque accarezzando il gatto e non esaminando i suoi peli uno dopo l'altro. I peli delle orecchie e dei baffi sono ricciuti. La pelliccia non deve avere nessun segno di ondeggiatura che possa riferirsi al pelo di un Rex.

Incroci autorizzati

American Wirehair X American Wirehair
American Shorthair X American Wirehair

Mantello

Tutti I colori, tranne quelle basate sul cioccolato, lilla, cannella e fawn

BENGAL

Photo Namibi bengal

Storia

A partire dalla fine del diciannovesimo secolo, in occasione delle prime esposizioni feline, vennero esposti dei gatti dichiarati come incroci di gatto domestico e di gatto selvaggio.

Nel corso della prima parte del ventesimo secolo vengono pubblicate osservazioni di incroci tra gatti domestici e felini selvatici ed avvengono tentativi ad hoc.

Negli anni sessanta, numerosi leopardi d'Asia o gatti di Bengala (**Felis bengalensis**) sono stati importati negli USA in particolare come animali domestici ed ancora là vengono effettuati dei tentativi di incrocio. È in questi anni che nascono dei club che vogliono promuovere l'ibridazione del gatto domestico con i felini selvaggi. Il termine di "Bengala" comincia ad essere utilizzato per designare questi gatti.

Durante quegli anni, ricerche farmacologiche utilizzano l'ibridazione tra leopardo d'Asia e gatto domestico ai fini di ricerche immunitarie contro la leucemia felina.

Uno degli scienziati che parteciparono a questi esperimenti, Jean Sugden (diventata Jean Mill), si propose negli anni '70 di utilizzare l'attenzione che questi ibridi avrebbero potuto suscitare per lottare contro l'uso delle pellicce feline nella moda. Nel 1980, essa potè raccogliere i suoi primi quattro leopardi d'Asia da un laboratorio che li aveva utilizzati nei programmi di ricerche immunitarie. È così che essa iniziò i suoi lavori di ibridazione.

I soggetti maschi nati da ibridazione sono sterili per svariate generazioni. Bisogna dunque utilizzare dei gatti domestici maschi per queste prime generazioni. Essendo allevatrice di Mau Egiziani, la sua scelta si portò naturalmente verso questi gatti il cui motivo maculato avrebbe permesso, naturalmente, di conservare il motivo del leopardo d'Asia.

Uno dei suoi viaggi la condusse nello zoo di Nuova Delhi. Là, dinanzi alla gabbia dei leopardi d'Asia, si trovava il recinto dei rinoceronti. E con essi vivevano due gatti macchiettati dai colori ramati che le erano stati segnalati dal direttore dello zoo, suo amico. Questi gatti, Toby e Tash of New Delhi, furono portati negli USA, riconosciuti come Mau Egiziani ed utilizzati nel programma di creazione del Bengala ed in un programma di arricchimento del colore del Mau Egiziano bronzeo. Le prime generazioni che ne seguirono furono d'altronde dichiarate a volte come Mau ed altre come Bengala. La grande avventura del Bengale aveva finalmente avuto inizio. La razza venne riconosciuta come sperimentale nel 1983. Oltre al Mau Egiziano, altre razze di gatti domestici sono state usate per creare il Bengala, in particolare il Burmese, il Siamese, l'Abissino ed il gatto domestico.

Nel 1987, i casi della genetica fecero apparire un Bengala dal motivo marble. L'inatteso successo che questo ebbe, fece ammettere questo motivo negli standard.

Negli anni '80, altri tentativi di ibridazione hanno avuto luogo, particolarmente l'incrocio del gatto domestico col Margay (***Felis wiedii***) sotto il nome di gatto Bristol. Gli ultimi gatti Bristol vennero incorporati nella razza Bengala nel 1991 al fine di ampliarne il patrimonio genetico. Incidentalmente, questo apporto facilitò l'ottenimento di rosette nel motivo.

Il Bengala è stato vittima di un fenomeno di moda che ha comportato una produzione importante da parte di allevatori di competenza differente. Così alcuni considerano che la razza è mediamente stabilizzata, sia dal punto di vista morfologico che da quello del carattere. Ciononostante gli allevatori di qualità producono gatti conformi allo standard, di grande bellezza e di carattere gradevole.

L'uso eccessivo di Mau Egiziani per creare la razza ha talvolta portato a dei gatti la cui apparenza ricordava molto il Mau Egiziano. Di tali gatti se ne incontra negli allevamenti dove la produzione di qualità non è la principale preoccupazione. Il Bengala di buona qualità, conforme al suo standard, non assomiglia più al Mau Egiziano.

Photo Seduisant

Carattere

I soggetti nati dall'ibridazione di un gatto selvaggio e di un gatto domestico sono chiamati F1. I soggetti della generazione seguente, F2. E così via.

In ibridazione, i maschi sono sterili durante parecchie generazioni (da 4 a 6), da cui l'utilizzo di gatti domestici come riproduttori maschi per creare una nuova stirpe. Le generazioni da F1 a F3 sono considerate come selvagge, proibite in esposizione e soggette a disposizioni specifiche riguardo la loro detenzione.

Secondo le stirpi, i Bengala da F4 a F6 possono non essere completamente stabilizzati dal punto di vista morfologico o caratteriale.

I soggetti troppo prossimi ai loro antenati selvaggi possono rivelarsi paurosi ed a volte minacciosi. Questo tratto del carattere sparisce allorchè il numero di generazioni che li separa dal loro antenato selvaggio è sufficiente.

Il Bengala è vivo, intelligente, curioso, sportivo, chiaccherone e molto affettuoso, sopratutto con altri animali ed i bambini. Ama l'acqua ed apprezza particolarmente appollaiarsi in altezza.

Photo Gabel Le Bonne

Standard

La testa, dai contorni arrotondati, forma un triangolo più lungo che largo. È alquanto piccola in rapporto al corpo, ma senza esagerare. L'espressione della testa del Bengala deve allontanarsi il più possibile da quella di un gatto domestico. La curva della fronte, leggermente arrotondata, raggiunge dolcemente il ponte del naso, senza interruzione, e continua in una linea da praticamente dritta a molto leggermente convessa sino alla punta del naso. Gli zigomi sono alti e pronunciati. Il naso è largo con un caratteristico rigonfiamento della pelle. Delle guance cascanti sono autorizzate nei maschi.

Il muso è formato da portabaffi molto sviluppati che generano un leggero pinch. Di profilo, il mento forte è allineato sulla punta del naso.

Grandi, ben spaziati, gli occhi sono ovali, quasi rotondi, ma mai globulari. Il colore degli occhi è il verde, l'oro, il blu o l'acquamarina, secondo il colore del manto. La tonalità più profonda e più brillante è la più apprezzata.

Di taglia da media a piccola, le orecchie sono relativamente corte, con una base larga ed estremità arrotondata. Sono spaziate della larghezza di una orecchia. Viste di profilo, sono appuntite in avanti. Le "lynx tips" non sono desiderabili.

Il collo è lungo, muscoloso e ben attaccato. Corpo: lungo, ha una potente muscolatura, ben evidente, ed una robusta ossatura. Ciò conferisce al Bengala un'apparenza di gatto potente ma allo stesso tempo grazioso.

Di lunghezza media e ben muscolose, le zampe, ben diritte, hanno una robusta ossatura.

Grandi e rotondi, i piedi dei Bengala hanno dita prominenti.

Di lunghezza da media a corta, la coda è spessa alla base, affinandosi appena per finire con una estremità arrotondata.

Il mantello è corto, spesso, ben adagiato sul corpo ed eccezionalmente dolce e setoso al tocco. Esso può essere come spruzzato d'oro, effetto che viene chiamato "luccicchio", senza che questa tonalità sia avvantaggiata in rapporto ad un gatto sprovvisto di ciò.

Motivo Spotted (maculato) e rosette: due tipi di macchie sono ammesse, le rosette e le chiazze, che sono disposte a caso o allineate orizzontalmente. Le rosette sono composte di almeno due colori differenti e possono avere sia la forma di una impronta di zampa, sia di una punta di freccia o di anello. Sono preferite alle semplici chiazze ma non possono venire esatte. Sia che si tratti di chiazze o di rosette, il contrasto col colore di fondo deve essere estremo, con forme distinte e bordi ben definiti. Le spalle sono coperte da screziature mentre le zampe e la cosa sono maculate od annellate. Il ventre è imperativamente maculato. Sulla testa, il maquillage tipico dei gatti tabby è fortemente marcato. I portabaffi, la gola, la pelle del ventre e dell'interno delle zampe è color biancastro, il più chiaro possibile. I motivi spotted e rosette concorrono entrambi nella medesima classe.

Il motivo marble (marbre), è diverso dal motivo tabby blotched. Qui, i segni classici (guscio d'ostrica, ala di farfalla) sono allungati orizzontalmente al punto di assomigliare alle venature del marmo o ai segni del leopardo nebuloso. Le bande di colore di base devono essere larghe quanto le screziature, esse stesse più ravvicinate al centro. La preferenza deve essere data ai manti rappresentanti almeno tre toni: il colore di base, il colore dei segni ed il colore intenso che sottolinea questi segni. Il contrasto deve essere estremo. Il ventre deve imperativamente presentare dei disegni. Sulla testa, il maquillage tipico dei gatti tabby è fortemente marcato. I portabaffi, la gola, la pelle del ventre e dell'interno delle zampe sono biancastre, le più chiare possibili.

Mantello

Motivi: spotetd, rosette, marble.
Colori: nero (brown, silver, smoke), blu.

BURMESE AMERICANO & BOMBAY

Photo Bjtripp2

Storia

Burmese significa burmano in inglese. Però, questa razza non somiglia per niente al birmano che viene chiamato oggi Sacro di Birmania per evitare questa confusione.

I primi burmesi scendono dal Wong mau, una gatta portata nel 1930 negli Stati Uniti da Joseph Thompson, medico militare. Questa gatta sarebbe derivata da incroci tra siamesi dagli occhi dorati e gatti di colore scuro. Incrociata con gatti siamesi di colore scuro, ha permesso di ottenere questa nuova razza, che fu subito riconosciuta negli Stati Uniti.

Quest'origine spiega un'abbastanza forte somiglianza tra burmesi e siamesi di quell' epoca, la differenza essenziale essendo quella del colore nel quale il gene Cs del siamese (modello Colorpoint, soltanto le estremità sono colorate) e sostituito dal gene Cb del burmese (modello sepia: attenuazione del colore sul corpo, tranne alle estremità)

Con l'evoluzione dei gusti, gli allevatori hanno fatto evolvere la morfologia dei gatti. Il siamese è diventato molto più lungilineo, il siamese tradizionale essendo battezzato Thai. Il burmese, per conto suo, si è sviluppato da un lato verso il burmese detto americano (gatto di formato Cobby) da un altro lato verso il burmese inglese (gatto di formato semi-foreign). Questi due gatti hanno oggi una morfologia sufficientemente diversa per essere considerati come delle razze differenti.

Nel 1958, Nikki Horner, un americana di Louisville, volle creare una razza che avrebbe somigliato ad una pantera nera in miniatura. A questo scopo, incrociò un Burmese Americano con un American Shorthair, poi fece altri numerosi incroci per ottenere il risultato sperato. Il risultato, un magnifico gatto nero dagli occhi dorati, fu chiamato Bombay.

Photo Pititebilette

Carattere

Il burmese è un gatto dal carattere stabile e affettuoso (talvolta chiamato "gatto-cane"), pieno di energia, molto giocherellone ed estremamente attraente. E molto estroverso e possiede una forta personalità.

Lo dicono chiacchierone, con una voce più dolce di quella del siamsese.

Photo Bjtripp2

Standard

Di taglia media, la testa è arrotondata, senza nessuna faccia piana, qualsiasi l'angolo sotto il quale viene osservata. Il profilo è delineato solo da curve con una fronte convessa e uno stop notevolmente segnato. Il naso è leggermente arcuato e rigonfio.

Il muso è rotondo, corto e largo. Il mento è forte e rotondo, senza prognatismo.

Grandi e ben spaziati l'un dall'altro, gli occhi sono rotondi. Fra i Bombay, il loro colore va dal color di rame al dorato, con una preferenza per il rame. Fra i burmesi americani, il loro colore va dall'oro al giallo, con una preferenza per l'oro.

Di taglia media, larghe alla base, leggermente arrotondate all'estremità, le orecchie sono ben spaziate e leggermente chinate verso il davanti. Una leggera alopecia tra la palpebra superiore e l'interno dell' orecchio è tollerata.

Di taglia media a corta, l'incollatura è ben sviluppata.

Di formato Cobby, il corpo è compatto con una gabbia toracica ben aperta. Di un peso sorprendente per la sua taglia, ha le spalle e le anche leggermente arrotondate. L'ossatura e la muscolatura sono robuste.

Medie, le zampe sono proporzionate al corpo.

Arrontondati, i piedi sono di taglia media.

Di lunghezza media, mai corta, nè a modo di frusta, la coda va affilandosi fino all'estremità arrotondata.

Il manto corto, fine è ben vicino al cortpo è setoso.

Incroci autorizzati

Bombay X Bombay
Bombay X Burmese americano seal sepia (zibellino) soltanto.
Burmese americano X Burmese americano

Mantello

per il Bombay, la pelliccia è nera come ilcarbone, dall'estremità del pelo fino alla radice.

Fra i burmesi americani adulti, il colore del manto diventa più intenso verso le estremità delle zampe e della coda, della maschera e delle orecchie che sono più scure. Variazioni del colore e della tessitura del manto sono tollerate fra i gattini giovani e neonati.

Burmese americano

modello sepia e colori seal sepia (zibellino), blu sepia, cioccolato sepia, lilla sepia.

Bombay
Nero.

CALIFORNIA SPANGLED

Photo Flamingice007sg

Storia

Il Californian Spangled è una razza di gatto originaria degli Stati Uniti. Questa razza caratterizzata dal suo manto spotted tabby ricordando quello del leopardo è stata creata dal scenarista Paul Casey per assomigliare ad un piccolo leopardo.

La creazione di questa razza è cominciata nel 1970. Ha utilizzato abissini, siamesi, british, american shorthair e gatti randagi d'Asia e d'Egitto. Nel 1986, dopo 11 generazioni, la razza è stata finalmente promossa.

Con l'arrivo e il successo del bengal, il californian spangled è quasi sparito.

Carattere

Il californian spangled è un gatto vivace, energico, curioso e molto affettuoso.

E un gatto atletico con un corpo lungo, forte e cilindrico. Il suo manto è dolce e corto, eccetto sulla coda e sotto il ventre dove la pellicia è più lunga. Macchie ricoprono il dorso ed i fianchi, righe fini si stendono dalla parte superiore del cranio fino alle spalle.

Standard

Di taglia media, la testa e cuneiforme con zigomi sporgenti e bene sviluppati. Il cranio è leggermente arrotondato. C'è un leggero stop tra la fronte e il naso.

Potente e bene sviluppato, il naso presenta pastoni prominenti. Il mento è forte e carnoso.

Di taglia media a grande, gli occhi sono a mandorla. Bene aperti, hanno una situazione di sbieco, accentuata dagli zigomi sporgenti.

Di taglia media a grande, le orecchie sono relativamente corte, con una basa larga e estremità arrotondate.

Di taglia media, l'incollatura è muscolosa e cilindrica.

Di formato semi-foreign, il corpo è lungo, flessibile, muscoloso. Puo sembrare più pesante che non lo è in realtà.

Di lunghezza media, le zampe sono alquanto muscolose con un'ossatura robusta.

Grandi e rotondi, i piedi hanno dita prominenti.

Di taglia media, la coda è dello stesso spessore dall'inizio all'estremità.

Corta e ben adagiata sulla faccia, l'incollatura, il dorso ed i fianchi, la pelliccia può essere leggermente più lunga sulla coda e sotto il ventre.

Mantello
Tutti i colori. Motivo spotted tabby unicamente.

CEYLAN

Photo Wikipedia

Storia

Il Ceylan è una razza di gatto originario dello Sri-Lanka, scoperta dal Dottore paolo Pellegata nel 1984.

Questo gatto di taglia media è caratterizzato dal suo manto con peli corti dal motivo macchiettato. Però, gli altri motivi tabby sono ugualmente ammessi.

Il ceylan è riconosciuto dal 1993.

Carattere

Il ceylan è un gatto socievole e fiducioso.

Il motivo del ceylan è dovuto al gene Ta responsabile del motivo macchiettato.

Il motivo macchiettato è quello responsabile del mantello caratteristico dell'abissino. Alla fine del diciannovesimo secolo, all'epoca in cui cominciarono il riconoscimento delle razze e l'organizzazione delle mostre feline, un abissino era semplicemente un gatto macchiettato. Il resto dello standard dell' abissino è stato elaborato a poco a poco. Studi scientifici hanno dimostrato che il motivo macchiettato era tipico della loro origine dell'Estremo Oriente.

per i gatti ticked tabby, si distinguono il motivo « chaus » (senza il marchio tabby) e il motivo « bentota » (con il marchio tabby sulla testa, le zampe e la coda). Ognuno di questi motivi concorre individualmente

Standard

In forma di triangolo addolcito, la testa è di taglia media. Visto di faccia, il cranio è leggermente arrotondato e gli zigomi sono sporgenti. Vista di profilo, la fronte è piana e prolungata da una linea convessa al livello della nascita del naso, che non segna, però uno stop. Il naso è corto.

Leggermente arrotondato, il muso finisce dolcemente il triangolo della testa. Il mento non è troppo forte.

La linea superiore degli occhi è dritta e leggermente di sbieco verso il naso . La linea inferiore è arrotondata. Abbastanza grandi, gli occhi possono essere da verdi a gialli.

Di taglia media a grande, le orecchie sono larghe alla base e hanno l'estremità arrotondata. Poste in alto sulla testa, sono vicine l'una presso l'altra. Pennacchi (Lynx Tips) e un marchio di pollice più chiaro sulla parte esterna delle orecchie sono apprezzati.

Abbastanza lunga e graziosa, l'incollatura libera alquanto la testa dalle spalle.

Di formato semi-cobby e di taglia media, il corpo è compatto. Il ventre è arrotondato. La muscolatura è potente e l'ossatura piuttosto fine.

Di lunghezza media, le zampe hanno un'ossatura piuttosto fine. Iposteriori sono più alti degli anteriori.

Piedi rotondi.

Corta, fine e setosa, la pelliccia non ha quasi sottopelo. Il ticking (alternanza di strisce chiare e strisce scure su ogni pelo) è più segnato sul petto, il dorso ed i fianchi.

Mantello

Tutti i colori tranne quelle basate sul cioccolato, lilla, cannella e fawn. Motivo tabby unicamente.

CERTOSINO

Photo Isabelle Bonte

Storia

Il Certosino, detto anche gatto dei Certosini, è una razza a pelo corto originaria della Francia.

Si narra che venga dalla Turchia o dall'Iran e che sia stato portato in occidente all'epoca delle crociate.

Deve il suo nome alla leggenda secondo cui viveva nei monasteri dei Certosini, dove serviva a cacciare i topi quando la peste bubbonica devastava l'Europa. Il felino avrebbe pure condiviso coi monaci il voto del silenzio. Ed è per ciò che questo gatto, tutt'ora, miagola molto poco.

Fu utilizzato dai pellicciai a causa della sua pelliccia spessa e leggermente lanosa.

È stato descritto con precisione nel XVIII secolo da Buffon.

Photo Isabelle Bonte

Carattere

Il Certosino è un gatto robusto dal pelo corto interamente blu con occhi color rame o arancio. È un gatto solido le cui guance paffute arrotondano il viso al punto di dare un'impressione che stia per sorridere.

È reputato per le sue qualità di cacciatore e per l'intelligenza fuori dal comune. È flessibile ed agile; in lui si ritrovano le qualità comportamentali che gli hanno permesso di sopravvivere in condizioni a volte difficili.

Il Certosino ha ereditato il carattere indipendente dei veri felini. Allegro, socievole e giocoso, ha un temperamento da gatto-cane ed adora seguire il padrone da una stanza all'altra.

Il Certosino rappresenta la razza felina francese per eccellenza. Fu il gatto di Joachim du Bellay che scrisse un magnifico poema in memoria del proprio gatto Belaud. Fu pure il compagno di Charles de Gaulle e di Colette.

Standard

A forma di trapezio con la base inferiore più grande e più stretta in alto, la testa è larga con contorni arrotondati. Le guance sono piene e ben sviluppate, specialmente nei maschi di più di due anni. Il profilo è alquanto concavo al livello degli occhi con fronte alta e piatta tra le orecchie. Il naso è diritto, largo e moderatamente lungo.

Senza essere appuntito, il muso è abbastanza stretto in rapporto all'insieme della testa, con cuscinetti dei baffi ben sviluppati. Il mento è fermo.

Grandi ed espressivi, gli occhi sono ben aperti con l'angolo esterno leggermente rialzato. Sono moderatamente spaziati. Il loro colore va dal giallo all'arancio.

Strette alla base, leggermente arrotondate e di media taglia, le orecchie sono piazzate alte sulla testa.

Forte, spesso e corto, il collare è ben muscoloso.

Di formato semi-cobby, il corpo è robusto con larghe spalle ed un petto profondo. È di media lunghezza con forte ossatura e muscolatura densa e potente. Le femmine sono notevolmente più leggere, seppur conservando una apparenza robusta.

Di media lunghezza, le zampe hanno un' ossatura forte ed una muscolatura potente, perticolarmente sviluppata nei maschi.

I piedi sono larghi e leggermente ovali.

Di media lunghezza, la coda è spessa alla base e va rastremandosi. È soffice.

Mediamente corto, il pelo è denso, leggermente lanoso e rilevato; sembra quasi impermeabile. Il sottopelo è abbondante.

Mantello

Tutti i toni di grigio-blu che vanno dal grigio-blu chiaro al grigio-blu sostenuto sono accettati, a condizione che siano uniformi dalla radice del pelo sino all' estremità.

Il tartufo è grigio ardesia, le labbra ed i cuscinetti sono blu.

Nei gattini di meno di un anno sono tollerati marchi tabby fantasma.

CHAUSIE

Photo Pschemp

Storia

Il Chausie è una razza di gatto originario degli USA, caratterizzato dal fisico, simile a quello del Chaus (**Felis chaus**).

Il Chausie proviene da una ibridazione tra un Chaus ed un gatto domestico.

I primi incroci avvennero alla fine degli anni sessanta al fine di ottenere un gatto dal tipo selvatico, prossimo del Chaus, ma col carattere di animale domestico. Si scelsero Abissini, Orientali, Bengal, ma pure gatti di strada che avevano un portamento selvatico.

La razza è riconosciuta come nuova. Non ha accesso al campionato.

Carattere

I soggetti nati dall'ibridazione di un gatto selvatico con uno addomesticato sono chiamati F1. Quelli della seguente generazione sono F2, e così via.

In ibridazione, i maschi sono sterili durante svariate generazioni (da 4 a 6), per cui si utilizzano gatti domestici come riproduttori maschi per creare una nuova razza.

Le generazioni da F1 a F3 sono considerate ancora come selvatiche, proibite in esposizione e soggette a disposizioni specifiche concernenti la loro detenzione.

Secondo le discendenze, i soggetti da F4 a F6 possono non essere ancora totalmente stabilizzati dal punto di vista morfologico o caratteriale.

Il Chausie è un gatto grande che si sposta con movenze feline. Attivo, mal sopporta la solitudine ed ha bisogno di compagnia.

Standard

Largo triangolo addolcito se visto di faccia, la testa è di media taglia, con zigomi marcati ed angolosi. La fronte è leggermente convessa. Di profilo, questa curva dolce cambia leggermente direzione all'inizio del naso formando una leggera pendenza concava. Il naso ben largo è leggermente arcuato ed il tartufo è ben pieno.

Il muso è in armonia col resto della testa con abbondanti cuscinetti abbondanti. Il mento è fermo.

Di taglia media, gli occhi, che formano un ovale leggermente appiattito, sono posti leggermente obliqui. È preferito il colore dall'oro al giallo, mentre il nocciola ed il verde sono accettati.

Alte e grandi, le orecchie sono vicine una all'altra. Larghe alla base, hanno punta rrotondata. Sono desiderabili dei ciuffetti di peli, ma i gatti che non ne hanno non devono venire penalizzati. È ricercata una traccia di colore chiaro dietro l'orecchia.

Ben muscolosa, l'incollatura è di taglia e larghezza medie.

Lungo e potente, il corpo è rettangolare; la muscolatura è forte, ma piatta, ed il petto largo e profondo. La cassa toracica non deve essere arrotondata.

Moderatamente lunghe, le zampe sono ben muscolose con un'ossatura media. Quelle posteriori, particolarmente potenti, indicano l'attitudine di questo gatto alla corsa ed al salto.

Rotondi, i piedi sono piccoli in rapporto alla taglia del gatto.

Alquanto spessa, la coda misura idealmente i ¾ della lunghezza della coda di un gatto normale, con un ridotto numero di vertebre. Una coda più lunga è accettata. In ogni caso, essa deve essere ben articolata.

Da corto a medio e accostato al corpo, il pelo deve comunque avere una lunghezza sufficiente affinchè ciascun pelo presenti almeno quattro bande alternate, chiare e scure, chiamate ticking. Il sottopelo partecipa alla specificità del manto talvolta setoso ed elastico.

Incroci autorizzati

Chausie x Chausie
Chausie x Abissino
Chausie x gatto domestico non appartenente ad alcuna razza
Chausie x Felis chaus

Mantello

Nero, motivo ticked tabby

DEVON REX

Photo Bebopscrx

Storia

Il Devon Rex è una razza di gatto originaria d'Inghilterra. E caratterizzato dal suo manto dai peli riccioluti. E derivato da una muta genetica scoperta nel 1960 nel Devonshire.

Il Devon Rex è stato riconosciuto nel 1979

Carattere

La forma recessiva del gene R dà una lunghezza corta ai tre tipi di peli, che difatti sono ondulati. Questo gene è caratteristico del Devon Rex.

Il Devon Rex è conosciuto per il suo carattere giocherellone, spigliato e birichino. E un acrobata che detesta la solitudine e ha bisogno della presenza dei suoi congeneri. E molto vicino agli umanie richiede molta attenzione. Gli piace ugualmente seguire il suo maestro dovunque e partecipare a tutte le attività della casa.

Photo Pathfinder Linden

Standard

Piuttosto piccola in proporzione con il corpo, la testa, vista di faccia, mostra una serie di tre archi convessi formati dal lobo delle orecchie, gli zigomi sporgenti e il muso.

Di profilo, il cranio piano è prolungato da una fronte arcuata seguita da uno stop marcato al livello del naso. Questa frattura è situata tra gli occhi.

Corto e ben sviluppato, il muso è delimitato da un pinch importante.I pastoni sono proeminenti. Il mento è forte e ben sviluppato.

Conviene di essere particolarmente attenti alla buona occlusione delle mascelle.

Grandi e ben aperti, gli occhi sono ovali. Tutti i colori sono ammessi, in armonia con il manto.

Notevolmente grandi e situate molto giù, le orecchie sono molto larghe alla base, di modo che il lobo dell'orecchio marchi uno "sgancio". Arrotondate alla loro estremità sono senza pennacchi (Lynx tips) Sono ricoperte da una pelliccia fine. Le tempie sono spesso nude.

Fine e muscolosa, l'incollatura libera bene la testa dalle spalle.

Di formato semi-cobby, il corpo è grazioso, forte e muscoloso. Il petto è largo e ben aperto.

Lunghe e alte, le zampe hanno un ossatura piuttostofinein armonia con il corpo, però con una muscolatura potente.

I piedi sono ovali e piccoli.

Lunga e fine, la coda è ricoperta da una pelliccia corta e riccioluta.

Fine e morbida, la pelliccia è corta con un'arricciatura densa e disordinata.

La densità della pelliccia varia con le diverse parti del corpo; le regioni superiori (faccia, orecchie,schiena, fianchi, la parte superiore delle zampe) essendo più fornite delle regioni inferiori (gola, petto, addome e interno delle zampe).

La pelliccia che ricopre il cranio e il collo è spesso così corta che non può essere ondulata.

Zone interamente nude vengono considerate come uno semplice sbaglio per i gattini, e uno sbaglio grave per gli adulti.

I baffi, piuttosto rari, sono corti e riccioluti.

Mantello

Tutti i colori.

DONSKOY

Photo ooznu

Storia

Il Donskoy, chiamato pure Sfinge del Don, è una razza di gatti originaria di Russia. Questo gatto è caratterizzato dalla quasi assenza di pelliccia.

Più volte, gatti sono apparsi spontaneamente dopo mutazioni genetiche naturali.Una di queste mutazioni naturali, scoperta nel 1987 a Rostov sul Don, è stata coltivata per dare nascita al Donskoy.

La razza è stata stabilita utilizzando europei, persiani e siberiani.

Carattere

La forma dominante del gene Hp è ugualmente responsabile dell'assenza quasi totale dei 3 tipi di peli. Questo gene è caratteristico del donskoy e del peterbald.

I baffi riccioluti sono indizi distintivi dei neonati.

La varietà "brach" ha il pelo riccioluto e spesso duro su tutto il corpo con parti eventualmente nude.

Il Donskoy è un gatto attivo, affettuoso, intelligente e molto socievole.

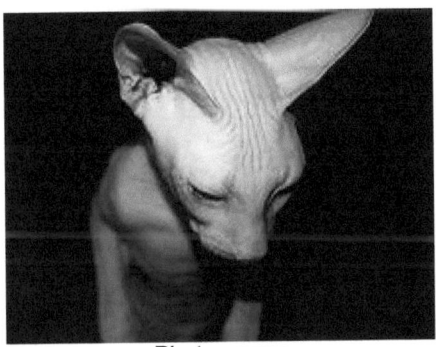

Photo ooznu

Standard

Cuneiforme con zigomi sporgenti, la testa è dotata di rughe sulla fronte, che vanno diminuendo sopra gli occhi. Il profilo è quasi dritto con un naso mediamente lungo.

Corto e arrotondato, il muso segna un leggero pinch. I baffi, a volte assenti, sono riccioluti. Le mascelle ed il mento sono leggeri.

Leggermente a mandorla, gli occhi sono posti di sbieco. Il loro colore è in armonia con il manto.

Grandi, poste alte sulla testa, le orecchie sono leggermente chinate sul davanti. La loro estremità è arrotondata. La punta delle orecchie forma una linea verticale nella continuità dei lati della testa.

Di formato semi-foreign, il corpo è solido, ben costruito, muscoloso ma elegante. Il petto è aperto e l'addome arrotondato con un superfluo di pelle al livello dell'inguine. La groppa è larga.

Lunghe e muscolose, le zampe sono ben proporzionate con il corpo.

Ovali, i piedi hanno le dita ben disegnate.

La coda è lunga e fine.

Elastica, la pelle forma dei pieghi sulla testa, l'incollatura, le ascelle, l'inguine ed il ventre. Ci può essere della peluria sul muso, le orecchie, i piedi, l'estremità della coda e le parti genitali.

Mantello

Tutti i colori sono riconosciuti.

I gatti tabby partecipano alle esposizioni con gli altri perchè il disegno non è sempre visibile sulla pelle

GATO EUROPEO

Photo Didier Hallépée

Storia

Laciando le rive del Nilo, il gatto domestico (***Felis silvestris catus***), discendente del gatto selvatico africano (***Felis silvestris lybica***), ha seguito le rotte mercantili percorse dalle carovane, si è imbarcato a bordo dei velieri ed ha accompagnato le legioni romane nel loro ritorno a Roma. Da là, si è diffuso progressivamente verso tutta l'Europa, e, ben più tardi, verso il nuovo mondo.

Protettore dei raccolti in Egitto, è divenuto cacciatore di ratti e di altri animali nocivi sul vecchio continente, assumendo così un ruolo modesto contro la propagazione della peste nera. Per lungo tempo animale utile, ha vissuto di più in prossimità dell'uomo che con altri gatti. La sua reputazione di animale del diavolo ed il suo ruolo di animale famigliare con le streghe gli hanno talvolta valso degli inconvenienti.

In Europa, il gatto ha conservato la diversità genetica delle sue origini e l'ha d'una parte arricchita adattandosi alle condizioni estreme di certi paesi, e dall'altra incrociandosi a volte col suo cugino, il gatto selvatico europeo (***Felis silvestris silvestris***).

È a partire dal XVI secolo, che diviene animale di compagnia. Nel XX secolo, i progressi della lotta contro i ratti nelle città e poi nelle campagne, gli tolgono progressivamente il ruolo di animale di utilità e ne fanno definitivamente un animale di piacere anche se esistono ancora alcune popolazioni di gatti di strada in libertà nelle nostre agglomerazioni.

Nel XIX e XX secolo c'è lo sviluppo dei gatti di razza, la ricerca dello standard, della bellezza e, a volte, dell'originalità.

Verso la fine del ventesimo secolo, ci si è finalmente accorti del tesoro che il nostro gatto di casa rappresentava. Malgrado una grande diversità di colori ed un pool genetico molto ricco, esso presenta una morfologia alquanto omogenea, ciò che gliha valso l'erezione al rango di razza. Ed in quanto tale, è stato designato come gatto europeo, poi European Shorthair.

Ben poche cose differenziano il nostro gatto di casa tradizionale del gatto di razza europeo: sono la conformità ad uno standard e l'esistenza di una filiazione attestata da un pedigree che ne fanno la differenza.

In altre regioni del mondo, il gatto domestico ha avuto una evoluzione alquanto diversa ed ha potuto acquisire caratteristiche locali leggermente differenti. Là pure il tesoro così costituito col passare del tempo ha finito per essere riconosciuto ed è così che sono nati il British Shorthair, l'American Shorthair o il Mau arabico.

Photo Lance94

Carattere

Il gatto europeo è robusto, agile, rustico e giocoso, capace di adattarsi con facilità a nuove situazioni.

Del passato felino conserva il carattere malizioso, curioso, coraggioso ed a volte un po' ladruncolo.

I gattini alla nascita sono fragili ed hanno bisogno di cure molto attente da parte della madre durante il primo mese e della presenza di questa sino a 3 mesi circa. È da là che proviene il suo lato docile ed affettuoso, ricercando la compagnia e le carezze.

Delle origini feline del passato di gatto di strada, ha conservato grandi qualità di cacciatore, una istintiva diffidenza ed un gusto per l'indipendenza e la libertà. Molto esploratore, non esita ad andare a vedere ciò che succede un pò più in là ed aumenta progressivamente il proprio territorio. Ma è pure casalingo, molto attaccato alla sua tana od alla casa verso le quali sempre fa ritorno... a meno che non si sia perduto.

È l'essere stato allevato in famiglia, manipolato già dalla prima età e coperto di affetto dalla sua famiglia umana, che lo rendono un animale particolarmente tenero ed attaccato all'uomo. Se allevato senza contatto umano nella più tenera infanzia e sottomesso alle vicissitudini della vita di un gatto randagio, la sua diffidenza istintiva prenderà il sopravvento e rifuggirà il contatto umano seppur mostrando una strana attrazione per questo bizzarro animale a due gambe: potrà essere domato e finirà per apprezzare la vicinanza dell'uomo e gli agi del suo ambiente. Si degnerà di essere accarezzato, senza pertanto lasciarsi manipolare.

Lo Shorthair Europeo è un gatto di razza dalla filiazione dovutamente certificata da un pedigree, allevato in famiglia ed in contatto ravvicinato con gli umani sin dalla nascita. Così, egli conserva il meglio delle proprie origini feline con tutte le qualità che ci si attende da un compagno col quale si divide una buona parte della propria esistenza.

Photo Fleshgrinder

Standard

Più lunga che larga, la testa è abbastanza rotonda con delle guance ben sviluppate. La fronte ed il cranio sono leggermente arrotondate. La base del naso è ben definita, senza stop ma con un leggero cambiamento di direzione. Il naso è diritto, di lunghezza media e di uguale larghezza per tutta la sua lunghezza. Ben definito, il muso è forte ma senza pinch. Il mento è fermo.

Da medi a grandi, gli occhi sono rotondi e leggermente obliqui. Il colore, che va dall'arancio al giallo ed al verde, deve essere il più brillante, luminoso ed uniforme possibile.

Di media taglia, le orecchie sono alla base tanto alte quanto larghe. Sono ben spaziate tra loro ed hanno un'estremità leggermente arrotondata. Muscolosa e soffice, l'incollatura è di media taglia.

Di tipo semi-foreign, il corpo è di taglia da media a grande e si inscrive in un rettangolo. L'ossatura è forte e la muscolatura potente. Il dimorfismo sessuale è pronunciato.

Forti e solide, le zampe sono di media lunghezza con piedi rotondi. Spessa alla base, la coda è di media lunghezza e si affina verso la punta arrotondata.

Corto, denso e lucido, il pelame è allungato sul corpo senza eccessivo sottopelo.

Mantello

Tutti i motivi eccetto il colorpoint.

Tutti i colori eccetto quelli basati sul ciccolato, lilla, cannella e fulvo.

GERMAN REX

Photo Gerver

Storia

Il german rex è una razza di gatto originario di Prussia Orientale (collegata alla Russia nel 1945), caratterizzata dal suo manto con pelo corto, ondeggiante e molto rosso.

I primi soggetti sono stati scoperti a Kônisberg (kaliningrad) all'inizio degli anni 30 da Erna Schneider.

Altri soggetti furono scoperti nel 1951 dal Dottore Rose Scheuer-Karpin.

Il German Rex è stato utilizzato nei programmi di Cornish Rex per lottare contro problemi di pelle.

Alcune associazioni felini riconoscono il German Rex, altre l'identificano con il Cornish Rex.

Carattere

L'aspetto particolare della pelliccia del German Rex è dovuto a una forma recessiva di un gene, responsabile dell'assenza di peli di guardia. I suoi peli di giarra sono corti e ondeggianti. I baffi sono corti e riccioluti.

Il gene di questa particolarità è differente di quello del Cornish Rex. Difatti, per quest'ultimo, il pelo di giarra è assente.

Il German Rex è un gatto attivo, affettuoso e paziente.

Standard

Più lunga che larga, la testa è alquanto rotonda con delle guance bene sviluppate. La fronte e il cranio sono leggermente arrotondati. La base del naso è ben definita, senza stop ma con un leggero cambiamento di direzione. Il naso è dritto, di lunghezza media e della stessa larghezza sull'intera lunghezza.

Ben delineato, il muso è forte ma senza pinch. Il mento è forte.

Di taglia media a grande, gli occhi sono arrotondati e posti leggermente di sbieco. Il colore che va dall'arancio al giallo e al verde, deve essere il più brillante possibile, il più luminoso e uniforme possibile.

Di taglia media e larghe alla base, le orecchie hanno un'estremità arrotondata. L'esterno deve essere ricoperto da un pelame fine ma denso, l'interno è leggermente coperto di pelo.

Muscolosa e flessibile, l'incollatura è di taglia media.

Di tipo semi-foreign, il corpo è di taglia media a grande e s'iscrive in un rettangolo. Il petto è largo e ben sviluppato. L'ossatura è forte e la muscolatura potente. Il dimorfismo sessuale è pronunziato.

Forti e solide, le zampe sono di lunghezza media.

Piedi rotondi.

Spessa alla base, la coda è di lunghezza media e va affinandosi verso l'estremità arrotondata. La pelliccia è abbondante.

Corta, felpata e vellutata, la pelliccia del German Rex forma delle onde abbastanza simili a quelle del Cornish Rex, all'eccezione dell'assenza di peli di guardia e non di peli di giarra come nel Cornish Rex, il che dà una struttura più spessa che per quest'ultimo. Ci sono variazioni, però, nello spessore secondo i soggetti. I baffi sono corti e riccioluti.

Incroci autorizzati
German Rex X German Rex
German Rex X European Shorthair

Mantello
Tutti I colori tranne quelle basate sul cioccolato, lilla, cannella e fawn.

HAVANA BROWN

Photo Dave Scelfo

Storia

Il Havana Brown, ugualmente detto Swiss Mountain cat o Chestnut Oriental Shorthair è una razza di gatto originaria di Gran Bretagna. Questo gatto è caratterizzato dal suo manto con peli corti di colore cioccolato.

Gatti di colore cioccolato sono vissuti nell'antico regno del Siam. Si diceva che avevano il potere di allontanare gli spiriti maligni.

Nel 1950, la baronessa Von Ullman fece incrociare un Siamese chocolatepoint con un European nero per ottenere un gatto dal manto cioccolato scuro. La razza fu riconosciuta nel 1958 sotto il nome di

Chestnut Havana Brown, poi di Havana Brown perchè il loro colore ricordava quello dei sigari della Havana.

Carattere

Il Havana Brown è un gatto curioso, vivace, gioccherellone, apprezzando le comodità della casa. Gli piace "discutere" con i suoi umani favoriti.

Standard

Più lunga che larga, la testa è ben proporzionata con il corpo. Di profilo, la fronte piana è prolungata da una forte frattura frontonasale che forma un pinch marcato. Guance cascanti sono autorizzate fra i maschi.

Caratteristico della razza, il muso sembra un pezzo inserito tanto è quadrato. I pastoni sono ben definiti. Il mento è forte e potente.

Ovali, gli occhi sono grandi, ben aperti, ma non globulosi. L'unico colore autorizzato è il verde in tutte le sue sfumature, a patto che siano luminose e uniformi.

Grandi e arrotondate alla loro estremità, le orecchie sono bene spaziate l'una dall'altra. Di profilo, sono leggermente chinate verso il davanti, ciò che dà al gatto un 'espressione costante di stare all'erta. Sono molto poco fornite.

Di lunghezza media, l'incollatura è ben muscolosa.

De format semi-foreign, le corps rectangulaire est bien musclé.

Lunghe, rispetto alla taglia del gatto, le zampe sono eleganti ma con un'ossatura robusta.

Piedi ovali.

Di lunghezza media, la coda è abbastanza fine, stretta alla base, finisce con un'estremità affilata.

Corta, dolce e setosa, la pelliccia è a volte un po' più densa sui fianchi. Il colore deve essere il più profondo e uniforme possibile, senza peli bianchi nè marchi tabby.

Mantello

Colori: Cioccolato, lilla.

KORAT

Photo Heikki Siltala

Storia

Il Korat è una razza di gatto originaria di Taîlanda. Questo gatto di taglia piccola è caratterizzato dal suo manto con peli corti di colore blu, dalle estremità argentee e dai suoi occhi verdi.

E una razza conosciuta nel regno del Siam fin dal quattordicesimo secolo sotto il nome di Si-Sawat. Il korat faceva parte dei gatti portafortuna. Il suo nome di Si-Sawat significa "del colore del sawat" perchè ilsuo colore ricorda quello dei semi di look-sawat, semi dalle virtù prottetrici. La parola sawat indica la felicità, la fortuna ma anche una materia dolce e setosa.

Il Si-Sawat riuniva tutte queste qualità. E una razza naturale originaria dell'altopiano del Khorat(da cui viene il suo nome) al Nord-Est della Taîlanda, il suo allevamento era riservato alle famiglie nobiliari. La sua esportazione era rigorosamente proibita.

Riferendosi all'albero che gli dava il suo nome, il maschio era chiamato *maled* (seme), la femmina, per conto suo, era chiamata *doklao* dal nome del fiore grigio della cedranella selvatica.

Il Si-Sawat era molto apprezzato alla corte reale del Siam. Nel 1884, il re Rama V regalò siamesi al console generale del Regno Unito, facendo credere che questo gatto fosse l'emblema del Siam, nello scopo di conservare l'esclusività del prezioso gatto portafortuna nel suo regno. Così, la leggenda del siamese nacque da quell'episodio. Perciò l'Occidente affascinato dal siamese, dimenticò per molti anni d'interessarsi alle razze naturali d'Asia.

Il Korat è stato scoperto dagli Occidentali nel 1896 e riconosciuto come razza nel 1966.

Gli allevatori di korat sono convinti che la genealogia dei loro gatti risalga a questi soggetti originari di Taîlanda.

Carattere

Il carattere del Korat somiglia molto a quello del suo cugino, il siamese. E molto fedele e mostra un grande affetto per il suo proprietario. E un gatto molto comunicativo che possiede una larga panoplia di miagolii, utilizzati per esprimersi.

Il Korat è calmo e mostra un gran interesse per il gioco durante tutta la sua vita. La sua intelligenza gli permette d'imparare rapidamente alcuni scherzi.

Standard

A forma di cuore, la testa del Korat è solo curve dolci. Viste di faccia, le arcate delle sopracciglia prominenti, formano la parte superiore del cuore, mentre il muso forma la parte inferiore. Vista di profilo, la fronte, grande e piana è prolungata da un leggero stop al livello del naso. L'estremità del naso è rigonfia come quella di un leone.

Nè quadrato nè appuntito, il muso completa la forma triangolare del cuore. Le mascelle sono potenti e il mento è forte.

Molto importanti rispetto alla testa, gli occhi sono arrotondati quando sono aperti, ma conservano un inclinazione orientale quando sono semi chiusi. Bene spaziati l'uno dall'altro, hanno un colore verde molto luminoso. Un colore ambra è tollerato fra i gatti giovani fino a 2 anni.

Grandi, con l'estremità arrotondata, le orecchie poste alte sulla testa, hanno una base ben aperta. L'esterno delle orecchie è ricoperto da una pelliccia molto fine, mentre il pelo interno è abbastanza raro.

Di taglia media, l'incollatura è forte e muscolosa.

Di formato semi-cobby, il corpo è fatto solo di linee curve, con un petto ben aperto e delle anche rotonde. La groppa è arrotondata. Potente e molto muscoloso, il Korat non è però mai pesante.

Di taglia media le zampe sono proporzionate al corpo di modo che l'altezza al garretto sembri identica alla distanza tra la base dell'incollatura e la nascita della coda. L'ossatura è media, ma la muscolatura è molto potente.

Piedi ovali.

Di lunghezza media, la coda è spessa alla base e si affina fino all'estremità arrotondata.

Mediamente corta la pelliccia, semplice, è ben vicina al corpo, lucida e vellutata. Di colore blu, è illuminata da riflessi dovuti alle estremità argentee di ogni pelo. I riflessi argentei sono più intensi là dove la pelliccia è corta. I peli situati sulla schiena hanno tendenza ad arricciarsi quando il gatto si muove.

Mantello

Blu.

OCICAT

Photo Tom Bjornstad

Storia

L'ocicat è una razza di gatto originario degli Stati-Uniti. Questo gatto, di taglia media, è caratterizzato dal suo manto colore fulvo macchiettato ricordando quello del gattopardo.

Nel 1964 un'allevatrice americana, la signora Virginia Daly che sperava ottenere siamesi tabby point fece incroci tra siamesi e abissini, ottenne un gattino dal manto molto originale, ricordando quello del gattopardo.

Altri allevatori incrociarono siamesi, orientali, abissini, mau egiziani e american shorthair per ottenere un gatto che somigliasse a un gattopardo.

La razza fu chiamata Ocicat(Ocelotcat) e fu riconosciuta nel 1986.

Carattere

L'ocicat è un gatto socievole con gli umani e gli altri animali, affettuoso e molto attivo. Si dice che la solitudine gli è difficilmente sopportabile. L'espressione "gatto-cane" lo descrive spesso. Sarebbe affettuoso come il siamese ma meno espressivo.

Standard

A forma di triangolo addolcito, la testa presenta contorni arrotondati con zigomi ben segnati. Di profilo c'è una leggera declività convessa tra la fronte leggermente arrotondata ed il naso, senza frattura.

Largo e ben marcato, il muso è abbastanza quadrato, di faccia, e presenta un profilo alquanto lungo. Il pinch tra gli zigomi ed il muso non deve essere troppo marcato. Le mascelle, potenti, presentano una buona occlusione. Il mento è forte.

Ovali, gli occhi sono grandi e posti leggermente di sbieco. Sono bene spaziati l'uno dall'altro. Tutti i colori, tranne il blu, sono ammessi senza relazione tra il colore degli occhi e quello del manto. Ma il colore più uniforme possibile è augurabile.

Di taglia media, le orecchie sono poste a uguale distanza dai lati e dalla sommità della testa. Pennacchi (Lynx tips) sono augurabili.

L'incollatura è arcuata.

Di formato semi-foreign, il corpo è alquanto lungo, con sostanza e profondità ma nessuna pesantezza. Il petto è largo e la gabbia toracica leggermente arrotondata. La linea del dorso è dritta o leggermente più alta al livello dei posteriori. La muscolatura è potente e sciolta, ciò che dà al gatto un'apparenza atletica. Anche se la preferenza va ai gatti grandi, l'equilibrio e l'armonia sono più importanti della taglia. Le femmine sono notevolmente più piccole dei maschi.

Mediamente lunghe e muscolose, le zampe hanno un'ossatura forte.

Piedi ovali e compatti.

Di lunghezza media a lunga, la coda è abbastanza spessa alla base e va affilandosi leggermente fino all'estremità.

Fine, densa, setosa e vicina al corpo, la pelliccia è abbastanza lunga per presentare, in modo alternativo, parecchie strisce di colori chiari e scuri, detti ticking. Quando queste strisce si raggiungono, formano macchie nitide su uno sfondo di manto chiaro. I peli che formano le macchie hanno la loro estremità scura su una base chiara. Tutti i peli sono macchiettati, tranne quelli dell'estremità della coda. Lo sfondo del manto deve essere abbastanza chiaro per permettere un contrasto notevole con le macchie più scure, anche nei colori diluiti. Il mento, la gola, l'interno delle zampe ed il ventre sono più chiari del dorso.

Tutte le macchie devono essere chiaramente visibili, qualsiasi l'angolo sotto il quale si osserva il gatto. Quelle che marcano il viso, le zampe e la coda sono più scure di quelle del corpo. La fronte presenta la M caratteristica dei tabby e l'occhio le linee del mascara tipiche. Una seconda linea situata sotto il trucco sparisce verso l'orecchio. Linee dritte partono ben distinte dalla M verso il cranio, attraversano il collo e diventano macchie ben allineate sulla schiena. Le macchie sono più distese sulle spalle per fare la transizione tra le linee e gli spots. Il resto del corpo è ricoperto di macchie dalle forme irregolari, mai allineate per non ricordare il motivo mackerel tabby. Il motivo blotched interrotto, nel quale le macchie sui fianchi sembrano seguire linee concentriche è apprezzato. Il collo è ornato di parecchi collari aperti ed il ventre è macchiettato. Le zampe presentano anelli spessi che possono essere disuguali e aperti. La coda è anellata, con l'estremità scura.

Mantello

Colori: nero, blu, cioccolato, lilla, cannella e fawn.
Motivo spotted tabby unicamente

PETERBALD

Photo Peterbald

Storia

Il peterbald è un gatto originario della Russia. Questo gatto è caratterizzato dal suo manto senza peli ed il suo aspetto orientale.

Questa razza è stata creata a Pietroburgo nel 1994 dall'incrocio tra un Donskoy e unOrientale senza peli.

La razza è riconosciuta nel 1996.

Carattere

La forma dominante del gene Hp è responsabile dell'assenza quasi totale dei 3 tipi di pelo. Questo gene è caratteristico del Donskoy e del Peterbald.

Esistono 4 varietà:
- I gatti interamente nudi
- I gatti con pelo molto corto
- I gatti con pelo duro, detti "brush"
- I gatti con peli normali.

I peterbald sono descritti come gatti temperati, pacifici, energici e curiosi.

Dal siamese e dall'orintale hanno conservato la loro capacità di un affetto esclusivo.

Photo Irina Polunina

Standard

Vista di faccia, la testa, di taglia media, è lunga e triangolare. Il cranio e la fronte sono piani o leggermente arrotondati. Si ammettono 3 tipi di profilo: perfettamente dritto, leggermente convesso, o in due piani, il piano della fronte prolungando il piano del naso senza frattura. Le guance sono piane. Guance cascanti sono autorizzate fra i maschi adulti.

Visto di faccia, il naso s'iscrive nel triangolo della testa, senza pinch. L'estremità del naso non deve essere stretta. Di profilo, il naso è lungo e dritto. Le mascelle sono medie. Il mento è forte, nella continuità dell'estremità del naso.

Di taglia media, gli occhi sono di forma orientale. A mandarla e ben spaziati, sono inchinati verso il naso in armonia con il triangolo della testa. Il colore degli occhi è d'un blu il più intenso possibile fra i gatti di categoria point e di un verde il più intenso possibile frai gatti di categoria tradizionale. Gli occhi dispari (verde e blu) sono ammessi fra i particolori. Gli occhi dispari, gli occhi blu sono ammessi fra i Peterbald bianchi.

Grandi, larghe alla base, bene spaziate, le orecchie prolungano il triangolo della testa.

Lunga, fine ed elegante, l'incollatura libera la testa dalle spalle.

Di tipo orientale e di taglia media, il corpo è lungo, tubulare e fermo. Si rivela di una densità sorprendente quando lo si manipola. E atletico e slanciato, con una muscolatura ferma e flessibile. Le anche e le spalle sono della stessa larghezza. L'ossatura è fine. E in armonia con la lunghezza del corpo e l'altezza delle zampe.

Lunghe ed eleganti, le zampe sono in armonia con la lunghezza del corpo. La loro ossatura è fine e la loro musccolatura è ferma.

I piedi sono ovali e piccoli.

Varietà nuda: la pelle è elastica e interamente nuda, con un contatto che fa pensare a quello del cauccù. I baffi sono spesso assenti.

Varietà "velluto": la pelle è ricoperta da un pelo molto corto, il cui contatto va dalla pelle di daino a un velluto raso. C'è spesso un pelo un po' più lungo alle estremità. I baffi sono riccioluti e spiegazzati.

Varietà "brush": Il pelo è corto, riccioluto e duro, a volte sparso sul corpo. I baffi sono riccioluti e spiegazzati.
Fra i gatti delle varietà "nuda" e "velluto", la pelle può presentare pieghi sulla testa, il collo, le ascelle, l'inguine ed il ventre..

La priorità deve essere data al tipo. A tipo uguale, è la varietà "velluto" il più corto possibile (contatto "pelle di daino") che sarà preferita.

Nè grassa, nè magra, la sua finezza non deve essere scambiata con la magrezza.

Incroci autorizzati

Peterbald X Peterbald
Peterbald X Siamese
Peterbald X Orientale

Mantello

Tutti i colori.

RAGDOLL

Photo Simone Johnsson

Storia

Il Ragdoll è una razza di gatti originaria degli Stati Uniti. Questa razza è stata creata nel 1963 da Jane Baker in California. Questo gatto ha la caratteristica di lasciarsi completamente andare quando lo si porta, come fosse una bambola di pezza (ragdoll in inglese).

La razza è stata riconosciuta nel 1963.

Carattere

Quando si porta il Ragdoll, esso diviene molle come una bambola di pezza.

Questo tratto di carattere è ereditato dalla prima infanzia: quando la madre trasporta i suoi gattini, lo fa in principio per cambiare posto, per avvicinarli al nutrimento o per portarli in un posto utile al processo di apprendimento. Questo tipo di spostamento può rivelarsi pericoloso, ed è per questo che la natura ha dato al gattino l'istinto di abbandonarsi allorchè la madre lo trasporta.

Questo istinto si attenua con l'età senza comunque scomparire totalmente. Così, tenere un gatto per la pelle del collo resta un mezzo semplice per controllarlo.

Nel Ragdoll, questo abbandono quando lo si porta rimane totale, come nei suoi primi giorni di vita. Il Ragdoll è un gatto molto equilibrato, tranquillo, affettuoso e con un miagolio molto dolce.

Standard

A forma di triangolo equilatero, la testa ha dei contorni arrotondati. Di faccia, lo spazio tra le orecchie sembra piatto. Di profilo, il cranio e la fronte sono arrotondati e prolungati da un leggero vuoto al livello del naso, che è diritto (profilo detto "a toboggan").

Di media lunghezza, il muso è ben sviluppato ed arrotondato; il mento è forte.

Alquanto grandi ed ovali, gli occhi sono leggermente inclinati senza pertanto essere orientali. Il colore è blu, il più intenso possibile.
Di media taglia e poste nel prolungamento del triangolo della testa, le orecchie sono larghe alla base. L'estremità è arrotondata. Viste di profilo, puntano leggermente in avanti. Corta, l'incollatura è potente e muscolosa.

Di formato lungo e potente, il corpo è rettangolare con petto largo e rotondo. La larghezza tra le spalle è uguale a quella tra le anche. Sebbene pesante, il Ragdoll non è mai grasso; solo una tasca ventrale è accettata.

Di media taglia proporzionalmente al rettangolo formato dal corpo, le zampe hanno un'ossatura forte ed una muscolatura poderosa. Rotondi e forti, i piedi hanno una pelosità interdigitale.

Lunga, la coda giunge idealmente alla base della scapola. Larga alla base, è ben fornita e portata a ciuffo.

Semilunga e setosa, la pelliccia è composta da una importante copertura di peli di guardia e di poco sottopelo. Un collaretto che parte dal retro delle orecchie e si prolunga nel collo viene apprezzato. La pelliccia è corta e densa sulle zampe anteriori, più lunga su quelle posteriori dove può addirittura formare dei calzoncini.

Mantello

Motivo colorpoint

Punte: le orecchie, la maschera, i piedi e la coda sono del colore di base del gatto, più scuri del corpo e se possibile omogenei. Corpo: il colore del corpo va dal guscio d'uovo al bianco lattiginoso, secondo il colore di base del gatto. Il petto, il collaretto ed il mento possono essere un pò più chiari. Sono permesse delle leggere ombre sul corpo.

Motivo mitted

Punte: le orecchie, la maschera, le zampe – piedi esclusi – e la coda sono del colore di base del gatto, più scuri del corpo e se possibile omogenei. Una macchia bianca sul naso ed/o tra gli occhi, interrotta o no, è accettata a condizione che non si stenda sino al tartufo. Il mento deve essere bianco. Piedi anteriori: calzini bianchi, regolari e fermi. Zampe posteriori: interamente bianche fino al mezzo delle cosce. Il bianco deve coprire i garretti. Non deve esserci alcuna macchia di colore nel bianco. Corpo: il colore del corpo va dal guscio d'uovo al bianco lattiginoso secondo il colore di base del gatto. Il mento deve essere bianco e stendersi in una banda bianca, di larghezza variabile, sino al collaretto, il petto, passare tra le zampe anteriori e sotto il ventre fino all'inizio della coda.

Motivo bicolore

Punte: le orecchie, la maschera e la coda sono del colore di base del gatto, più scure del corpo e se possibile omogenee. La maschera ha una V rovesciata di colore bianco che deve essere il più simmetrica possibile e non stendersi al di là dei bordi esterni degli occhi. Il tartufo è rosa. Corpo: il colore del corpo va dal guscio d'uovo al bianco lattiginoso secondo il colore di base del gatto. Il petto, il ventre, le zampe ed i piedi sono bianchi. Alcune macchie bianche sono accettate sul dorso e sui fianchi.

Motivo Van

Punte: il colore delle punte è limitato alle orecchie, alla parte superiore della maschera ed alla coda. Il tartufo è rosa. Corpo: bianco, ad eccezione di alcune macchie dal guscio d'uovo al bianco lattiginoso, a condizione che non rappresentino più del 20% della superficie del corpo, testa e coda comprese.

SAVANNAH

Photo Jason Douglas

Storia

La fine del ventesimo secolo è segnata dalla voglia di alcuni allevatori americani di fabbricare mini pantere da salotto, gatti domestici dal look selvatico, incrociando gatti domestici con piccoli felini selvatici.

Dopo il gatto bristol creato sulla base del margay (Felis weidii) il bengal dal leopardo d'Asia (Felis bengalensis) e il Chausie creato dal Chaus

(Felis chaus), ecco il Savannah creato dal serval (Leptailurus serval, anticamente Felis serval).

Alcuni pensano che l'ibridazione delle razze selvatiche sia un contibuto meraviglioso al felino domestico. Altri considerano che è una grande stupidagine. Ad ogni modo, questi metodi hanno creato nuove razze come il savannah.

Il savannah è una nuova razza di gatto originaria degli Stati Uniti. Questo gatto di grande taglia risulta dall'incrocio tra il serval e un gatto domestico, un bengal al quale è molto vicino. Ha parecchie somiglianze fisiche con il serval, fra le quali, la taglia; il colore e le orecchie di forma caratteristica.

Il primo savannah è stato creato da Judee Frank nel 1986. Raggiunta da Joyce Sroufe, definiscono uno standard. La razza è riconosciuta nel 2002.

Carattere

I soggetti nati dall'ibridazione di un gatto selvatico e di un gatto domestico sono chiamati F1. I soggetti della generazione successiva sono chiamati F2 e così via.

In Ibridazione, i gatti sono sterili per parecchie generazioni (4 a6) perciò gatti domestici sono utilizzati come riproduttori maschi per creare una nuova discendenza.

Le generazioni F1 a F3 sono considerate come selvatiche, proibite nelle esposizioni e sottomesse a disposizioni specifiche per il loro possesso.

Secondo le discendenze, i soggetti F4 a F6 non possono essere totalmente stabilizzati dal punto di vista della morfologia e del carattere.

Il carattere eccezionalmente familiare del serval permette di ottenere rapidamente gatti gradevoli, però finchè l'ascendenza selvatica sarà recente, conviene essere pronti ad affrontare reazioni imprevedibili del felino selvatico.

Il savannah è un gatto di grande taglia, molto intelligente, curioso, socievole, attivo, mite e affettuoso. Salta più in alto e corre più presto degli altri gatti domestici. Gli piace molto l'acqua.

Le caratteristiche ricercate sono quelle del serval, testa piccola, grandi orecchie poste in alto, corpo molto lungo, lunghe zampe, coda piuttosto corta e mantello macchiato.

Standard

Piccola in rapporto con il corpo, la testa, vista di faccia, forma un triangolo, escluse le orecchie. Il cranio deve essere molto leggermente arrotondato. La fronte, da dritta a leggermente convessa, è prolungata da una leggera declività concava alla nascita del naso. Quest'ultimo, largo e diritto finisce con un tartuffo rigonfio.

Nessun pinch deve turbare le linee marcate del muso. Il mento, senza essere sfuggente, è piuttosto leggero.

Di taglia media, gli occhi sono a mandorla. Bene spaziati l'uno dall'altro, gli occhi sono idealmente ornati da due lacrime bianche caratteristiche (soltanto fra i gatti aguti) Il colore, che va dall'oro al verde, è senza relazione con il colore del mantello. Sola l'intensità importa.

Grandi e situate in alto sulla testa, il lato interno è quasi situato alla sommità del cranio, le orecchie hanno una base larga e un'estremità arrotondata. L'impronta del pollice, tipica dei gatti aguti, è augurabile sulla parte esterna dell'orecchio (soltanto fra i gatti aguti)

Lunga e muscolosa l'incollatura è elegante. Il portamento della testa è altero, dritto, l'andatura è slanciata.

Di formato semi-foreign, il corpo è caratterizzato da una gabbia toracica molto profonda e una groppa leggermente sopraelevata. Le anche e le cosce lunghe, piene e muscolose sono un po' sopradimensionate.

Lunghe e fini, le zampe sono, però, solide. Visti dal retro i posteriori sono altissimi.

Piccoli e ovali, i piedi hanno lunghi diti.

Piuttosto spessa, la coda misura circa i ¾ della lunghezza di una coda di gatto normale. Non raggiunge la terra quando il gatto sta in piedi. Mobile e molto espressiva è inanellata per i gatti aguti e finisce con un'estremità nera piuttosto arrotondata.

Di lunghezza corta a media, la pelliccja è molto particolare quando la si tocca. Il pelo di guardia, un po' ruvido, ricopre un sottopelo denso più setaceo, mentre gli spots sono notevolmente più morbidi. Qualsiasi il loro colore, tutti i savannah devono presentare lo stesso modello spotted tabby con, per di più, numerose piccole macchie sulle zampe e la testa. Gli spots, sempre neri, sono rotondi, ovali o allungati. Il ventre è macchiettato. Lo sfondo del mantello dei savannah brown spotted tabby va dal fulvo all'arancio, senza ticking. La gola e il ventre sono di un bianco sbiadito. Lo sfondo del mantello è argenteo per i silver. Per i neri ed i black smoke, gatti non aguti, i marchi tabby fantasmi devono essere chiaramente visibili. Il tartuffo del savannah tabby è colore del mattone, circondato da un bordino nero o completamente nero. E nero per i neri ed i black smoke.

Incroci autorizzati

Savannah X Savannah
Savannah X Mau egiziano
Savannah X Oriental Shorthair
Savannah X Ocicat
Savannah X Serval

Mantello

Colore nero, motivi tabby e smoke unicamente.

SINGAPURA

Photo Squeezeveasel

Storia

Secondo la leggenda, il Singapura è un adattamento naturale dei gatti domestici alle condizioni di vita nelle strade di Singapore (città del leone).

La loro piccola taglia verrebbe dal loro habitat sito dentro le fognature di Singapore, dove le condutture erano strette.

I primi tre esemplari furono portati da Singapore da Tommy ed Hal Meadow nel 1975. Nel 1981, un altro appassionato portò pure lui da Singapore un soggetto che venne incluso nel programma di allevamento.

Sembrerebbe però, che i primi tre gatti, accidentalmente piccoli, siano usciti da incroci tra Abissini e Burmesi, ed abbiano accompagnato Tommy ed Hal Meadow nel 1974 lungo il loro soggiorno a Singapore, prima di giungere negli USA con loro.

L'utilizzazione del Burmese è comprovata da studi genetici.

Ma, comme recita il film "L'uomo che uccise Liberty Valance": "Quando la leggenda è più bella della realtà, stampate la leggenda".

Il Singapura è stato riconosciuto come razza nel 1982. A seguito di questo riconoscimento, il Singapore Tourist and Promotion Board (STPB) ha adottato il Singapura come mascotte turistica col nome di "kucinta" (dal malese "kucing", "gatto", e "cinta", "amore").

Attualmente, le esportazioni dei gatti di Singapore sono sotto controllo.

Carattere

Il Singapura è attivo, curioso e giocoso; affettuoso, ricerca il contatto umano.

È il più piccolo gatto domestico.

Standard

Rotonda ed alquanto piccola, la testa mostra, vista di faccia, un cranio arrotondato, prolungato da zigomi alti e larghi.

Di profilo, la fronte, leggermente convessa, prosegue con una pendanza concava sino all'inizio del naso. Quest'ultimo, abbastanza corto, è un pò incurvato.

Di media lunghezza, il muso è delimitato da un pinch ben definito. Non deve essere nè appuntito, nè stretto; il mento è fermo e ben sviluppato.

Grandi e molto espressivi, gli occhi sono ben aperti ed a forma di noce. Ben spaziati, cioè di almeno una larghezza di un occhio, non devono essere nè rotondi nè sporgenti. Il colore preferito è il verde in tutte le sue sfumature, a condizione che siano uniformi. Il color blu non è accettato.

Grandi, attente e moderatamente appuntite, le orecchie hanno forma di una coppa a base ben svasata. Questa base aperta è particolarmente importante nell'impressione generale di grandezza delle orecchie. Sono spaziate della larghezza di un'orecchia. Il loro interno è ben peloso.

L'incollatura è spessa e corta. Di formato semi-cobby, ha un corpo compatto con una cassa toracica ben aperta ed arrotondata.

Forti e spesse all'inizio, le zampe si affinano progressivamente verso un'ossatura alquanto fine.

I piedi sono piccoli, ovali e fermi.

Idealmente abbastanza lunga per giungere alla scapola, la coda, leggermente spessa alla base, si affina sino ad una estremità arrotondata.

Fine, sericea e senza sottopelo, la pelliccia è ben aderente al corpo. Corta, deve però avere una lunghezza sufficiente afficnhè ciascun pelo abbia più bande alternate, chiare e scure, chiamate ticking. È più lunga sulla colonna vertebrale. I gattini possona avere una pelliccia più lunga e più lanosa che negli adulti.

Mantello

Il fondo del pelo è di color avorio vecchio. Il ticking, le march di maquillage, i cuscinetti e l'estremità della coda sono marron scuri o neri. Il tartufo, di color mattone, è delimitato da un bordino marron scuro o nero.

Il motivo è geneticamente ticked tabby seppia, cioè ogni pelo ha una alternanza di almeno quattro bande avorio e marron scuro o nero, a parte sui cuscinetti dei baffi, la gola, il petto, il ventre, l'interno delle zampe ed il disotto della coda che non sono macchiettati.

Il ticking è più pronunciato sulla spina dorsale e sulla coda. La base del pelo è sempre chiara e l'estremità scura. La parte davanti degli anteriori e le ginocchia devono idealmente avere delle impronte tabby. La testa porta i motivi tipici dei gatti tabby: M invertita sulla fronte, leggeri segni di maquillage attorno gli occhi e le guance.

SNOWSHOE

Photo Wikipedia

Storia

Lo Snowhoe è una razza di gatto originario degli Stati-Uniti. Questo gatto somiglia a un siamese dalle zampe con guanti bianchi.

Negli anni 1960, un'allevatrice di Filadelfia ha voluto ottenere un siamese dalle zampe con guanti bianchi. Lo Snowshoe è il risultato del suo programma a base di Siamese , d'American Shorthair e di Sacro di Birmania

Nel frattempo, il Siamese è evoluto, perciò si descrive il Siamese, adesso, come un Thaï dai piedi bianchi.

Lo Snowshoe esiste in due modelli, bicolore (il bianco è diffuso su tutto il corpo) e con i guanti (soltanto le zampe e una parte della testa sono bianche)

Carattere

Lo Snowshoe è un gatto fedele e molto affettuoso con il suo proprietario, ma meno esclusivo del Siamese. E vivace, intelligente e di un carattere forte.

Standard

A forma di triangolo equilaterale, la testa presenta contorni arrotondati. Di faccia, lo spazio tra le orecchie sembra piano. Gli zigomi sono alti e la struttura ossea deve essere visibile, anche per i maschi adulti che hanno le guance più sviluppate. Di profilo, la fronte è diritta e prolungata da un leggero cavo al livello del naso. Quest'ultimo, di larghezza media, è il più spesso diritto. Una leggera gobbina è tollerata.

Di lunghezza media, il muso è arrotondato con un leggero pinch. Il mento è forte.

Abbastanza grandi, gli occhi sono di forma ovale a rotonda. Sono leggermente inchinati senza essere altrettanto orientali. Tutte le sfumature del blu sono ammesse.

Di taglia media e situate nella continuità del triangolo della testa, le orecchie sono larghe alla base. L'estremità è arrotondata.

Di taglia media, l'incollatura è forte e muscolosa.

Di formato semi-foreign, il corpo è armonioso e muscoloso. Denso, sembra pesare meno di quanto pare in realtà. Le femmine sono più piccole e più leggere dei maschi.

Abbastanza lunghe, le zampe hanno un'ossatura relativamente fine ma una muscolatura bene sviluppata.

Ovali, i piedi sono ben proporzionati con il corpo.

Di lunghezza media, la coda è abbastanza spessa alla base e va affilandosi leggermente fino all'estremità

Corta a mediamente corta, la pelliccia è dolce e setosa, densa, non è troppo vicina al corpo.

Mantello

Due tipi di combinazioni sono ammessi. Il bicolore e il mitted (con i guanti). La ripartizione del colore bianco in quest'ultimo modello è una delle più difficile da ottenere perchè molto precisa e largamente aleatoria. Soli i quattro piedi devono essere bianchi e il viso del gatto deve presentare una V invertita.

Mitted
Punti: le orecchie, la maschera, le zampe, eccetto i piedi e la coda che sono del colore di base del gatto, più scuri del corpo, e il più possibile omogenei.
Piedi anteriori: guanti bianchi e regolari.
Zampe posteriori: bianche fino alla metà delle cosce. Non ci devono essere macchie colorate nel bianco.
Corpo: Il corpo va dal colore di guscio d'uovo a bianco latteo, secondo il colore di base del gatto. Ombre più scure sono ammesse sulle spalle e le anche. La gola, il petto e il ventre sono bianchi senza che la proporzione di bianco sorpassi un quarto della superficie totale del gatto.

Bicolore
Punti: le orecchie, la maschera, i piedi e la coda sono del colore di base del gatto, più scuri del corpo e se possibile omogenei. La maschera presenta una V invertita che deve essere il più possibile simetrica e non stendersi al di là degli orbi esterni degli occhi. Il naso è rosa.
Corpo: il colore del corpo va dal colore guscio d'uovo al bianco latteo, secondo il colore di base del gatto. Ombre più scure sono ammesse sulle spalle e le anche. Il petto, il ventre, le zampe ed i piedi sono bianchi. Alcune macchie sono ammesse sul dorso e sui fianchi senza che la proporzione del bianco sorpassi la metà della superficie totale del gatto.

Macchie colorate sui cuscinetti sono ammessi per i mitted ed i bicolori.

SOKOKE

Photo Wikipedia

Storia

Attratto dalle abitazioni umane dove trovò tante buone cose da cacciare e da mangiare, il gatto selvatico africano (Felis Sylvestris Lybica) riuscì a domesticare l'uomo in Egitto antico poi a conquistare l'Europa e il Nuovo Mondo.

Nel cuore dell'Africa, nel Kenya vive il "Khadzonzos" (ciò che significa "come la scorza" nel dialetto dei Giriamas). Questo gatto ha il mantello color di marmo e marezzato, vive ai lati di questa tribù come il gatto egiziano viveva ai lati dell'uomo delle rive del Nilo. Questa coesistenza dura, sembra, da parecchi secoli.

Si tratta di un discendente diretto del gatto selvatico africano, del discendente dei gatti egiziani, che ha seguito le rote commerciali fino ai confini dell'Africa o del discendente dei gatti domestici venuti con la colonizzazione? Nessun lo sa ed i test ADN non hanno rivelato geni felini selvatici.

Il Khazonzo è stato scoperto nel 1978 da Jeni Slater, introdotto nel Danimarca da Gloria Moeldrop e allevato sotto il nome di Sokoke (dal nome della foresta d'Arabuto Sokoke di cui è originario).

Il Sokoke è stato riconosciuto nel 1993

Carattere

Il Sokoke è un gatto giocherellone, vivace, gli piace arrampicarsi e nuotare, abbastanza indipendente e socievole.

Standard

In forma di triangolo addolcito, la testa è piccola in proporzione con il corpo. Il cranio è quasi piano. Gli zigomi sono alti e sporgenti. Di profilo, c'è una leggerissima declività convessa alla nascita del naso che è di lunghezza media e dritto.

Ben disegnato, non si vede pinch sul muso. Il mento è forte.

A mandorla, gli occhi sono grandi, ben spaziati l'uno dall'altro e situati leggermente di sbieco. Sono del colore dell'ambra a verde.

Di taglia media, le orecchie sono larghe alla base e arrotondate all'estremità. Pennacchi ("Lynx tips") sono augurabili.

Lunga e muscolosa l'incollatura libera bene la testa dalle spalle.

Di formato semi-foreign, il corpo è mediamente lungo, snello e muscoloso. Il petto è proeminente e ben sviluppato.

Alte e lunghe, le zampe hanno un'ossatura robusta. L'angolazione delle zampe posteriori, molto pronunziata, è caratteristica della razza.

I piedi sono ovali.

Di lunghezza media a lunga, la coda è abbastanza spessa alla base e va affilandosi leggermente fino all'estremità.

Molto corta, vicina al corpo e brillante la pelliccia non presenta sottopelo. Il motivo marble (marmoreo) somiglia a un classic tabby leggermente allungato e confuso. Peli ticked nelle parti solide (macchie nere) sono tipici.

Mantello

Unicamente nero, motivo marble (brown tabby)

SPHYNX

Photo Schuminweb

Storia

Se i gatti nudi sono esistiti da sempre, lo Sphynx, dall'andatura bizzarra, è apparso in quanto razza felina alla fine degli anni settanta in Canada. Portati da Toronto in Olanda dal Dr. Hernandez, i primi Sphynx hanno dato origine ad una stirpe in Francia prima di arrivare negli USA. La nudità dello Sphynx, che va dalla pelle perfettamente glabra ad una lanugine "vellutata", è dovuta ad una mutazione spontanea. La particolarità di questa razza non si riduce solamente alla pelle, poichè essa è riconoscibile pure dalla tipologia che è fuori dal comune.

Photo Schuminweb

Standard

Di taglia media, la testa è più lunga che larga. È triangolare, con contorni pronunciati ed arrotondati, zigomi evidenti ed una demarcazione molto chiara. Visto di profilo, il disotto del cranio e la fronte sono piatti, e si prolungano in una curva concava, palpabile alla base del naso e terminante con un naso diritto.

Alquanto corto, arrotondato e ben sviluppato, il muso è delimitato da una demarcazione importante che lo fa spiccare nettamente dal cranio. Le labbra superiori sono nettamente arrotondate. Il mento è fermo e definito.
A forma di limone, gli occhi sono grandi, ben aperti ed espressivi. Tutti i colori sono accettati in armonia col manto.

Molto grandi e poste molto in basso, le orecchie, alla base, sono larghe. Debbono apparire sproporzionate in confronto alla testa. Sono arrotondate all'estremità.

Di taglia media, il collo è ben muscoloso. È arcuato e stacca bene la testa dalle spalle.

Di formato semi-cobby, il corpo è sodo. La muscolatura, ben visibile sotto la pelle, è rotonda. Il petto, detto a barile, è largo e profondo. L'addome è ben rotondo, come se il gatto avesse appena mangiato; questa particolarità non implica comunque che il gatto sia obeso. Le anche e la groppa sono arrotondate.

Le zampe hanno ossatura abbastanza fine, ma una muscolatura soda e ben disegnata. Le zampe anteriori sono leggermente arcuate.

Ovali, i piedi hanno diti lunghi e sottili, con falangi ben modellate. I cuscinetti sono più spessi che nelle altre razze feline, il che dà l'impressione che lo Sphynx cammini su cuscinetti d'aria.

Affusolata, la coda è lunga e leggermente spessa alla base, sì da assomigliare ad una coda di ratto.

La pelle dello Sphynx può andare dalla completa nudità sino ad una "pelle vellutata". Nei gattini la pelle è molto corrugata. Gli adulti devono mantenere il più possibile di pieghe, specialmente sulla testa, senza che ciò alteri in alcun modo le normali funzioni del gatto. I baffi e le sopracciglia sono rari od assenti.

Mantello

Categorie: tutte
Divisioni: solida, tabby, silver/smoke, solida e bianca, tabby e bianca, silver/smoke e bianca.
Colori: tutti

THAÏ

Photo Trinny True

Storia

Da lungo tempo, il Siamese ha sedotto gli amatori sia per la bellezza unica dovuta al suo motivo colorpoint che ha apportato alle altre razze, sia per il suo carattere unico ed esclusivo che ne fanno un compagno molto caro ed esclusivo.

Il Siamese dell'inizio del secolo aveva una faccia simpatica come il nostro gatto europeo, così come lo si vede nel disegno animato di Walt Disney, Lilli e il vagabondo.

Da allora, il Siam è diventato Tailandia, ma il Siamese mantiene per noi i ricordi di quell'epoca.

Con l'evoluzione dei gusti, gli allevatore ne hanno fatto un gatto sempre più longilineo in modo da mettere in risalto il suo aspetto orientale.

Ma numerosi nostalgici sono rimasti attaccati al Siamese tradizionale ed hanno voluto conservargli questa faccia così seducente.

Questo Siamese di tipo antico ha finito per essere elevato al rango si razza sotto il nome di Thaï in omaggio alle sue origini, il Siam, divenuto poi Tailandia.

Carattere

Il Thaï, soprannominato "gatto delle nostre nonne", antenato del nostro Siamese moderno, ne ha conservato il carattere così avvincente: forte personalità, attaccamento di un amore esclusivo verso il proprio padrone, molto dominante verso il resto della razza felina. È vivace e chiaccherone.

Standard

Leggermente più lunga che larga, la testa, vista di faccia, forma un triangolo equilatero dai contorni addolciti. Le guance sono abbastanza rotonde nelle femmine e possono essere più sviluppate nei maschi, in una proporzione ragionevole per rapporto alla conformazione generale del gatto. Di profilo, il cranio e la fronte sono leggermente arrotondati e prolungati da una curva convessa armoniosa sino a sopra gli occhi, ed una curva concava leggera e graduale sotto degli stessi.

Di lunghezza media, nè appuntito nè eccessivamente arrotondato, il muso prolunga dolcemente il triangolo della testa. Il mento è fermo.

Gli occhi sono ovali, leggermente obliqui; il loro asse si prolunga in direzione della base delle orecchie. Il colore e del blu più intenso possibile.

Larghe alla base ed arrotondate all'estremià, le orecchie sono di media taglia e poste ben spaziate, in maniera da rispettare il triangolo equilatero della testa. Di media lunghezza, l'incollatura è ben muscolosa, specie nei maschi.

Di formato semi-foreign, il corpo è di media taglia, molto muscoloso, ma senza pesantezza. Il petto è ben aperto e leggermente arrotondato.

Alquanto fini, le zampe sono ben proporzionate in rapporto al corpo.

I piedi, ovali, sono di media taglia.

La coda, di media lunghezza, spessa alla base, diventa più fina sino all'estremità legegrmente arrotondata.

Il pelo è corto e serrato. La pelliccia è allungata sul corpo. La tessitura è fine e setosa.

Mantello

Il Thaï è un gatto colourpoint. Deve quindi esserci un netto contrasto tra il colore dei punti, che è il più omogeno possibile, e quello del corpo, che è uniforme. L'assenza di marche fantasma è desiderata, con comunque una tolleranza nei gatti tabby.

Bisogna tener di conto l'effetto dell'età e del colore di base sull'evoluzione del disegno colourpoint: i punti sono spesso sviluppati in modo incompleto nel gattino, sopratutto nelle tinte diluite, mentre le ombre più scure sul corpo di un gatto maturo sono normali.

E – RAZZE CHE HANNO UNA CORRISPONDENZA A PELO CORTO Y PELO SEMILUNGO

Razze che hanno una corrispondenza a pelo semilungo
ABYSSINO
ASIATICO
BURMESE INGLESE
BURMILLA
CORNISH REX
MANX
MAU EGIZIANO
ORIENTAL
GATO DI RUSIA
SIAMESE
SCOTTISH FOLD
SCOTTISH STRAIGHT

Razze corrispondenti

PERSIANO(PL)	EXOTIC SHORTHAIR (PC)
ABYSSINO (PC)	SOMALO (PSL)
ASIATICO (PC)	TIFFANY (PSL)
BURMESE INGLESE (PC)	TIFFANY (PSL)
BURMILLA (PC)	TIFFANY (PSL)
CORNISH REX (PC)	CALIFORNIAN REX (PSL)
MANX (PC)	CYMRIC (PSL)
MAU EGIZIANO (PC)	SHIRAZI (PSL)
ORIENTAL (PC)	MANDARIN (PSL)
GATO DI RUSIA (PC)	NEBELUNG (PSL)
SIAMESE (PC)	BALINESE (PSL)
SCOTTISH FOLD(PC)	HIGHLAND FOLD (PSL)
SCOTTISH STRAIGHT (PC)	HIGHLAND STRAIGHT (PSL)

Abissino ed Somali

Photo Didier Hallépée

Storia

Nel XIX secolo, un ufficiale britannico dell'armata delle Indie venne ad assumere il suo nuovo posto in Abissinia (oggi Etiopia) in compagnia della sua gatta Zulma. Un altro ufficiale, innamoratosi di questa gatta, se la portò in Inghilterra nel 1868. L'originalità del suo manto fu molto apprezzata e Zulma fu così all'origine di una nuova razza chiamato Abissina in omaggio alla regione da dove veniva prima di arrivare in Inghilterra. È col British ed il Persiano una delle più vecchie razze riconosciute.

Più tardi, una inglese percorse l'Abissinia alla ricerca di autentici gatti abissini. Non ne trovò alcuno, ed a ragione.

Il manto caratteristico dell'Abissino ricorda quello della lepre: ogni pelo porta due o tre strisce di colore: si chiamò ciò il ticking. Secondo gli studi che sono stati fatti sulle origini delle razze feline, sembra che il ticking proviene dai paesi del Sud-Est asiatico.

Per lungo tempo gattini dal pelo semilungo sono apparsi tra le cucciolate di Abissini e sono stati sistematicamente scartati come non conformi. Nel 1965, una allevatrice americana decise di farne una nuova razza che venne riconosciuta nel 1972 col nome di Somalo.

Photo Didier Hallépée

Carattere

L'Abissino è dotato di zampe posteriori più allungate che gli conferiscono una grazia felina inimitabile. La sua andatura, molto felina, ne fa uno dei favoriti del pubblico. Il naso è circondato da un grazioso bordino ed il viso presenta un magnifico maquillage attorno agli occhi e sulla fronte. Muscoloso, sportivo, molto dolce, non miagola ma tuba.

Veloce, ghiottone, curioso (attenzione alle fughe), si arrampica dappertutto, è un compagno molto vivo (da non raccomandare a coloro che confondono un gatto con un oggetto decorativo), di apparenza regale. Di media taglia, i maschi sono in proporzione più grandi delle femmine.

Ben muscolosi, l'Abissino ed il Somalo sono svelti ed agili come una pantera e mostrano un vivo interesse per ciò che li circonda. Il loro manto screziato ha una qualità che gli fa riflettere la luce. Per quanto riguarda la lunghezza del pelo, il Somalo può sembrare un pò più pesante di quanto non sia in realtà.

La sua golosaggine ne potrebbe fare un gatto obeso, ma la sua energia inesauribile gli permette di conservare questa finezza che è causa del suo charme.

Standard

A forma di triangolo addolcito, la testa presenta dei contorni arrotondati senza alcuna linea diritta, sia di faccia che di profilo. Il profilo è un susseguirsi di curve molto dolci: cranio leggermente arrotondato, fronte leggermente bombata, leggera pendenza concava tra la fronte ed il naso, senza interruzioni. Il naso non deve essere troppo lungo. Un leggero rigonfiamento, se non causa nè interruzione nè curvatura troppo marcate, non è assolutamente un difetto. La lunghezza della testa deve essere proporzionata al resto del corpo. La testa è portata fieramente su un collare elegante.

Photo bonsai-ka

Sia di faccia che di profilo, il muso presenta dei contorni leggermente arrotondati. Non è nè appuntito nè pizzicato. Il mento è pieno. Formando curve dolci, non è nè sfuggente ne proiettato in avanti. Nei maschi adulti sono permesse guance cascanti. Il tartufo è circondato da una linea in armonia col colore della base. Le labbra devono ugualmente essere pigmentate di questo stesso colore.

Gli occhi sono grandi, brillanti ed espressivi. A forma di mandorla, la loro apertura non è nè orientale nè rotonda. Il colore ammesso va dal giallo al nocciola passando per il verde in tutte le sfumature, a condizione che lo stesso sia uniforme. Gli occhi sono sottolineati da un tratto di maquillage "alla Cleopatra" del colore di base del manto, esso stesso circondato da una zona di colorazione più chiara. Sopra ciascun occhio, una corta linea verticale, come fosse un tratto di matita, taglia questa zona chiara.

Grandi, attente e moderatamente appuntite, le orecchie hanno forma di una coppa con base ben svasata. Dirette in avanti, sono piazzate come se il gatto stesse "ascoltando". Mediamente distanziate, in modo che le orecchie non siano nè parallele nè verticali, il loro punto di attaccatura inferiore deve essere abbastanza basso, meno comunque che per i gatti di tipo "orientale". I peli sulle orecchie sono corti ed inclinati, se possibile con del tipping. Nel Somalo, l'interno delle orecchie è ben folto. L'impronta di pollice tipica dei gatti agouti è desiderata sull'esterno dell'orecchia. Essa è più visibile nei gatti di colore scuro che in quelli di colore chiaro.

L'incollatura è leggermente arcuata, alquanto lunga e graziosa.

Di formato foreign, il corpo è mediamente lungo, flessuoso e grazioso, con una muscolatura ben sviluppata. È sodo al tatto ed elegante, mai tozzo. La gabbia toracica è leggermente arrotondata, le costole non devono essere piatte. Il dorso è leggermente arcuato come se il gatto fosse pronto a spiccare un balzo.

Proporzionalmente minute in rapporto al corpo, le zampe sono lunghe, ben muscolose e diritte.

I piedi sono piccoli, ovali e compatti. In posizione eretta, l'Abissino ed il Somalo danno l'impressione di stare sulla punta dei piedi. Il colore dei cuscinetti deve essere in armonia col colore di base.

Alquanto spessa alla base, la coda è relativamente lunga, seppure proporzionata al corpo. È relativamente affusolata nell'Abissino ed a pennacchio nel Somalo.

Nell'Abissino, il manto è elastico al tatto, qualità chiamata "resilienza", brillante e fino. Corto, deve comunque avere una lunghezza sufficiente affinchè ciascun pelo possa presentare almeno quattro bande alternate, chiare e scure, chiamate ticking. Il manto, ben disteso sul corpo, è più lungo sulla spina dorsale, accorciandosi gradatamente sulla testa, fianchi e zampe. Senza essere lanoso, il sottopelo partecipa alla specificità del manto dell' Abissino, a volte sericeo ed elastico.

Nel Somalo, il manto è semilungo, abbastanza allungato sul corpo, più corto sulle spalle e la spina dorsale, allungandosi gradualmente sui fianchi. Il collare ed i calzoni sono ben abbondanti. Il sottopelo non deve essere lanoso.

Incroci autorizzati

Abissino x Abissino
Somalo x Somalo
Abissino x Somalo

Mantello

Il colore del manto è una qualità essenziale dell'Abissino e del Somalo. In ogni caso, non deve essere smorto, ma, al contrario, il più contrastato possibile. Il manto dell'Abissino e del Somalo sembra dotato, a questo effetto, di una qualità sfavillante che rafforza l'intensità del suo colore. Ogni pelo deve avere almeno quattro bande alternate, chiare e scure, chiamate ticking, salvo sui peli del ventre, del petto, del collo, dell'interno delle zampe e del disotto della coda che non sono macchiettati. La pigmentazione di questa zona deve essere in ogni caso omogenea. Presi andando dalla pelle verso l'estremità, i peli macchiettati devono cominciare con una banda chiara e terminare (parte distale) con una banda scura. Essendo l'Abissino ed il Somalo dei gatti tabby, il mento e la parte alta della gola sono di un colore più chiaro, più avorio che bianco.

Si noterà una banda di colore più scuro sulla spina dorsale e la coda, cosa che accentua il "look" selvatico dell'Abissino e del Somalo. Sono apprezzate due "suolette", cioè una colorazione più scura nella parte posteriore delle zampe.

I quattro colori tradizionali dell' Abissino sono il lepre (pelo bruno caldo con ticking bruno-nero, sottopelo color albicocca-marrone ticked tabby), il sorrel (pelo rosso-rame con ticking bruno rosso, sottopelo albicocca-cannella ticked tabby), il blu (pelo blu-grigio con ticking blu-grigio acciaio, sottopelo crema), ed il fawn (pelo beige con ticking crema scuro, sottopelo crema chiaro).

L'introduzione del gene I permise di creare un Abissino col manto argentato, l'Abissino Silver. Il motivo è lo stesso di quello dei gatti non silver, ma il colore più chiaro tra le bande del colore di base è rimpiazzato da una sfumatura il più possibile argentata.

Le ombre rossastre, chiamate "rufismo", anche se non sono le benvenute, non devono essere troppo penalizzate, sopratutto se sono localizzate lungo la colonna vertebrale.

Al giorno d'oggi, l'Abissino è accettato in tutti i colori, ma unicamente in motivo ticked tabby.

BURMESE ANGLAIS, ASIAN, BURMILLA & TIFFANY

Photo Earth68

Storia

Burmese significa birmano in inglese. Ciononostante, questa razza non ha nulla da vedere col Birmano che al giorno d'oggi è chiamato Gatto Sacro di Birmania per evitare questa confusione. I primi Burmesi discendono da Wong Mau, una gatta portata nel 1930 negli Stati Uniti da Joseph Thompson, medico militare. Questa gatta sarebbe uscita dall'incrocio tra Siamesi dagli occhi dorati e gatti di colore scuro. Incrociata con Siamesi di colore scuro, essa ha permesso di ottenere gatti di un colore unico, il motivo seppia. Questa nuova razza fu immediatamente riconosciuta negli Stati Uniti.

Questa origine spiega una alquanto forte assomiglianza tra Burmesi e Siamesi di quest'epoca, essendo la differenza essenziale il colore, laddove il gene cs del Siamese (motivo colourpoint – solo le estremità sono colorate) è sostituito dal gene cb del Burmese (motivo seppia – attenuazione del colore sul corpo, eccetto le estremità).

Con l'evoluzione dei gusti, gli allevatori hanno fatto evolvere la morfologia dei gatti. Il Siamese è divenuto molto più longilineo, il Siamese tradizionale è stato ribattezzato Thai. Quanto al Burmese, esso è evoluto da una parte verso il Burmese detto Americano (gatto di formato cobby), dall'altra verso il Burmese detto Inglese (gatto di formato semi-foreign). Questi due gatti hanno al giorno d'oggi una morfologia sufficientemente differente da essere considerati come razze diverse.

Photo David Johnson

Negi Stati Uniti, durante gli anni '70, degli incroci col Persiano permisero di creare una varietà a pelo semilungo. Questa varietà è stata chiamata Tiffany. In Gran Bretagna, essa è pure chiamata Chantilly.

Nel 1981, la baronessa Miranda von Kirchberg incrociò il Burmese con altre razze per ottenere altri colori. In particolare, l'utilizzo di un Persiano cincillà permise di ottenere i colori golden e silver shaded.

I gatti di colore classico furono chiamati Asian. I gatti di colore golden o silver shaded furono chiamati Burmilla (BURmese chinchILLA).

Carattere

Il Burmese è un gatto dal carattere stabile ed affettuoso (a volte sovrannominato "gatto-cane"), pieno di energia, giocoso ed estremamente piacevole. Molto estroverso, possiede una forte personalità.

Si dice sia chiacchierone, con una voce più dolce del Siamese.

Photo Scotia

Standard

Di taglia media. Visto di fronte, forma un corto triangolo, largo al livello degli zigomi e terminante a fuso con un muso leggermente arrotondato. La parte di sopra del cranio è larga e leggermente convessa. La fronte è leggermente arrotondata. Il naso ha uno stop netto, poi termina diritto.

La punta del naso ed il mento formano una linea diritta verticale. La mascella inferiore ha un buon spessore di mento. Un leggero pinch è ammesso nei gattini.

Grandi, gli occhi sono ben spaziati tra loro. La linea superiore degli occhi è incurvata e leggermente inclinata verso il naso. La linea inferiore è arrotondata. Il colore è particolarmente vivo e luminoso. Nel Burmese Inglese, tutte le sfumature dal giallo all'ambra sono accettate, con preferenza per il giallo dorato. Nell'Asian ed il Burmilla, tutte le sfumature dal giallo al verde sono accettate, l'oro è preferito nei solidi ed il verde nei silver. Nel Tiffany, il colore degli occhi è in relazione con il motivo del manto. La forma, la taglia e la dislocazione degli occhi hanno più importanza del colore. Il colore degli occhi è molto sensibile alle variazioni di intensità e di tonalità della luce. Se possibile, effettuare il giudizio alla luce del giorno.

Di media taglia, le orecchie sono piazzate ben distanziate una dall'altra su un cranio leggermente arrotondato ed idealmente nel prolungamento del triangolo formato dalla testa. Larghe alla base, le loro estremità sono arrotondate. Le orecchie possono sembrare proporzionalmente più grandi nei gattini che negli adulti, e più piccole nei maschi con guance cascanti sviluppate.

Di taglia media, l'incollatura è muscolosa.

Di formato semi-foreign, il corpo è di lunghezza e di dimensioni medie, sodo e muscoloso al tatto, e più pesante di quanto non sembri. Il pettorale è forte e con profilo arrotondato. Il dorso è diritto.

Alquanto fini, le zampe sono proporzionate al corpo. Quelle posteriori sono leggermente più alte delle anteriori.

I piedi sono ovali e ben disegnati.

Mediamente spessa alla base, la coda si affusola sino la cima arrotondata. Di media lunghezza, essa raggiunge le spalle allorchè è allungata lungo il corpo.

Nell'Asian, il Burmese Inglese ed il Burmilla, la pelliccia è quasi senza sottopelo, corta, fine, brillante come seta al tatto e ben allungata sul corpo.

Nel Tiffany, la pelliccia semilunga è sericea e fine con poco sottopelo. Brillante, è più lunga al livello del collaretto, il posteriore, sotto il ventre e sulla coda.

Incroci autorizzati

Tutti, tra Asian, Burmese Inglese, Burmilla e Tiffany.

Mantello

Nei gatti color seppia, il colore del manto si intensifica verso le estremità delle zampe, della coda, della maschera e delle orecchie che sono più scure. Sono accettate tolleranze per il colore e la trama del manto nei gattini ed i giovani gatti.

Asian

Tutti i colori, a parte il bianco, motivo tradizionale

Burmese Inglese

Tutti i colori, motivo seppia

Burmilla

Tutti i colori, motivo tradizionale o seppia, motivi golden shaded, golden shell, silver shaded e chinchilla unicamente.

Tiffany

Tutti i colori, modelli e motivi ammessi nell'Asian, Burmese e Burmilla.

CORNISH REX & CALIFORNIAN REX

Photo Gerver

Storia

Il Cornish Rex, ugualmente chiamato Re di Cornovaglia, è caratterizzato dal suo mantello con pelo corto, ondulante e morbido.

E originario di Gran Bretagna ed è derivato da una muta spontanea apparsa nel 1950, a Cornwall. Il suo nome evoca da un lato la sua città, dall'altro il coniglio rex, il cui pelame somiglia al suo.

La razza è riconosciuta dal 1967.

La varietà dal pelo semi-lungo è chiamata Californian Rex, è comparsa negli anni 1960 in California. Il Californian Rex è riconosciuto come nuova razza e non può dunque partecipare ai campionati.

Carattere

L'aspetto particolare della pelliccia del Cornish Rex è dovuto alla forma recessiva del gene R responsabile dell'assenza di pelo di giarra. I suoi peli di guardia sono corti e ondulati.

Il Cornish Rex è un gatto molto socievole che detesta la solitudine. Apprezza la compagnia di altri gatti e cani. E vivace, turbolento e molto giocherellone, affettuoso e sensibile, sempre alla ricerca di carezze e di cure.

Il Cornish Rex è molto chacchierone e si esprime con una voce strillante. E di solito molto affettuoso con il suo maestro ed è perfino appiccicoso.

Photo Paul Lewis

Standard

Più lunga che larga, la testa è di taglia media. Di profilo, si vedono chiaramente due linee curve. La prima va dalla sommità del cranio alla nascita del naso. La seconda va dalla nascita del naso fino alla sua estremità. Queste linee formano due archi convessi caratteristici, chiamati "profilo romano". Il cranio è ovoide, l'occipite proeminente accentua l'ovale della testa. Il naso è largo e arcuato.

I pastoni sono pieni e ben definiti, formando un leggero pinch. Il mento segue nella continuità dell'ovale della testa.

Ovali e ben aperti, gli occhi, di taglia media, sono posti di sbieco e spaziati l'un dall'altro di circa la larghezza di un occhio. Il colore degli occhi è in armonia con quello del mantello.

Grandi, poste in alto sulla testa, le orecchie sono di forma conica.

Lunga, fine e muscolosa, l'incollatura ha una forma arcuata caratteristica.

Di formato orientale, il corpo è lungo con una gabbia toracica piena e profonda e una schiena arcuata come quella di un levriere. La groppa è leggermente arrotondata e ben muscolosa. L'ossatura è molto fine.

Alte e fini, le zampe sono solide e muscolose.

Di forma ovale, i piedi sono piccoli. Il Cornish Rex e il Californian Rex danno l'impressione di una ballerina sulle punte.

Lunga a forma di frusta, la coda è ricoperta da una pelliccia fine e se possibile ondulante.

Per il Cornish Rex, la pelliccia è corta, morbidissima quando la si tocca, ondulante, formando delle onde successive che ricordano l'astrakan. I baffi, ben corti e spesso fragili, devono essere presenti.

Per il Californian Rex, la pelliccia è semi-lunga, morbidissima quando la si tocca, ondulante con ciocche a forma di onde. I baffi sono lunghi e morbidi.

La pelliccia del Cornish Rex e del Californian Rex è fatta di pelo di guardia d'una tessitura lanuginosa e di sottopelo. La pelliccia è più corta e più densa sulle zampe e sulla testa.

Il Cornish Rex e il Californian Rex combinano naturalmente eleganza e muscolatura d'atleta.

Incroci autorizzati

Cornish Rex x Cornish Rex
Cornish Rex x Californian Rex
Californian Rex x Californian Rex

Mantello

Tutti i colori

MANX & CYMRIC

Photo Wikipedia

Storia

Il Manx, o gatto dell'isola di Man, è una razza naturale originaria dell'isola di Man. La sua caratteristica essenziale è di essere un gatto anuro (senza coda).

Questa razza è derivata da una muta genetica consecutiva alla consanguinità dovuta all' isolamento insulare. E stata presentata fin dalle prime esposizioni feline a Crystal Palace nel 1871.

Secondo la leggenda, il manx fu l'ultimo animale a salire sull'arca di Noe, ma nel momento in cui imbarcò, la porta della nave si richiuse sulla sua coda, che fu sezionata.

Una leggenda più moderna spiega che gli abitanti dell'isola, durante un inverno rigoroso, avrebbero tagliato la coda di tutti i gatti per risparmiare il legno da riscaldamento.Così, potevano richiudere più presto la porta della casa quando passava il gatto, risparmiando così un po' di caldo e dunque di legno da riscaldamento.

Il Cymric (dal gallico Cymru, Paese di Galles) è la varietà con pelo semi-lungo del Manx. E di origine naturale ed è stata riconosciuta nel1970.

Carattere

L'assenza di coda è dovuta a:
- Dei poligeni Ml che ostacolano uno sviluppo completo del midollo spinale condizionando così la lunghezza della coda.
- Un gene specifico dominante M che permette ai poligeni Ml di esprimersi.

Secondo la quantità dei poligeni Ml presenti, il manx avrà una coda più o meno lunga. Così si distingue:
- Rumpy: gatto totalmente anuro
- Rumpy riser: Gonfiamento di 1 a 3 vertebre sacre
- Stumpy: gonfiamento di 1 a 3 vertebre caudali
- Longy: la coda normale.

I Longy non sono ammessi nei campionati.

Per i gatti omozigotici (MM) lo sviluppo della colonna vertebrale è insufficente. Il gatto non è vitale e muore in utero.

L'incrocio di due gatti rumpy è causa di un tasso di poligeni insufficenti. Lo sviluppo della colonna vertebrale è insufficente, il gatto non è vitale e muore in utero.

Il Manx essendo eterozigotico sul gene M, un incrocio manx X manx produrrà soltanto 66 % di gatti anuri. Tenendo conto dei problemi apparsi con i manx rumpy, gli incroci con altre razze sono autorizzati, ma soli 50% dei gattini saranno anuri (certo, questi percentuali sono probabilità).

Il manx è un gatto di facile convivialità, affettuoso e si adatta bene ai cambiamenti. E un gatto robusto e buon cacciatore.

Standard

La testa è larga con dei contorni ben arrotondati qualsiasi l'angolo sotto il quale viene osservato. Le gote sono piene. Il cranio è arrotondato, scendendo con una curva leggermente concava. Il naso è corto e largo. Un leggero stop è ammesso. I maschi adulti hanno gote cascanti potenti.

Visto di faccia come di profilo, il muso s'iscrive in un cerchio ben definito con pastoni sodi e pieni. Il naso e il profilo del naso sono diritti. L'estremità del naso è posta nella continuità del mento ben sodo.

Rotondi, grandi e ben aperti, gli occhi sono ben spaziati l'uno dall'altro, ciò che accentua ancora la larghezza del naso. Il colore deve essere uniforme e in armonia con quello del mantello. Le tonalità più intense e più brillanti sono preferite.

Larghe alla base, le orecchie sono di taglia media a piccola, arrotondate alla loro estremità e poste ben spaziate l'una dall'altra in modo da rispettare la rotondità della testa.

Tozza e muscolosa, l'incollatura è cortissima fin da parere inesistente.

Di formato cobby, il corpo è compatto, spesso, muscoloso, potente e ben rotondo. La schiena forma un arco continuo e liscio, dalle spalle fino alla groppa ben rotonda. L'ossatura è robusta e la muscolatura potente. La taglia è da media a grande.

Medie, le zampe sono leggermente meno alte della lunghezza del corpo. L' ossatura è robusta e la muscolatura potente

I piedi sono rotondi e solidi.

La coda è assente. Non c'è penalità per un leggero gonfiamento di cartilagine, a patto che non fermi la carezza tra i reni e la groppa.

Per il manx, la pelliccia è corta, densa, rigida ed eretta fino ad aprirsi sull'incollatura quando il gatto gira la testa. Si può paragonare il pelo a quelli di un tappetto di lana. La pelliccia possiede un sottopelo spesso e dà l'impressione di una buona protezione naturale.

Per il Cymric, la pelliccia è semi- lunga, setacea con un sottopelo spesso. Il collaretto ed i calzoncini sono ben forniti.

Incroci autorizzati

Manx X Manx

Manx X Cymric
Cymric X Cymric
Manx X British Shorthair e Longhair
Cymrix X British Shorthair e Longhair

I Manx (o Cymric) rumpy, rumpy riser e stumpy possono essere incrociati soltanto con Manx (o Cymric) longy

Mantello

Tutti i colori

MAU EGIZIANO & SHIRAZI

Photo Didier Hallépée

Storia

All'inizio del ventesimo secolo, l'Italia era popolata dai discendenti dei gatti egiziani. Stando alle descrizioni, molti avevano infatti il manto maculato, e assomigliavano ai gatti dei faraoni.

Con la seconda guerra mondiale in Italia morirono parecchi gatti, e i discendenti diretti dei gatti dei faraoni praticamente scomparvero, anche se ancora oggi, come accade del resto in Provenza, si trovano sporadici esemplari maculati. Nel film "L'ussaro sul tetto" (1994 – Jean-Paul Rappeneau) l'eroe felino ha per esempio tutte le carat- teristiche del mau bronzeo.

Per contro, nel Nord Africa, il gatto bruno maculato di nero sembra ancora abbastanza comune. Gatti randagi con l'aspetto del mau bronzeo sono stati segnalati fino al Marocco. E sull'altra sponda dell'Egitto, si puo' trovare questa razza lungo tutta la via della seta.

Nathalie Troubetzkoï era una principessa russa in esilio che i casi della vita avevano portato ad installarsi a Roma. Nathalie aveva una grande passione per i gatti. Un giorno, un ragazzino le portò un gattino in una scatola di cartone. L'insolita bellezza di questo gattino la conquistò immediatamente. Il gattino venne chiamato Ludivine e soprannominato Ludol o Lulu. Lulu era di un bel colore argento con delle macchie nere.

Photo Didier Hallépée

La principessa notò che la scatola nella quale il gatto le era stato portato veniva dall'Egitto. E' così che essa dedusse l'origine di questo gatto meraviglioso. Presto capì che si era imbattuta in un discendente dei gatti dei faraoni.

Mise in azione i suoi numerosi amici affinchè le trovassero un altro gatto di questo tipo al fine di poter avere dei gattini della stessa parvenza.

Degli amici trovarono Gregorio, un maschio nero, di 11 anni, nato da una famiglia maculata. L'ambasciatore di Siria, suo amico, le portò un autentico soggetto del medio Oriente, Geppa, un maschio nerofumo.

Lulu e Geppa diedero presto vita alla loro prima cucciolata (1953), anch'essa maculata come i genitori. Di questi, Nathalie Troubetzkoï conservò una piccola femmina argentata, Baba. In seguito, Gregorio fece a Baba dei magnifici gattini, maculati pure loro (1953), tra cui un gatto di un colore nuovo, Jojo, bronzeo.

Nathalie Troubetzkoï cominciò a far conoscere i suoi gatti in Italia e continuò a farli riprodurre. Liza (o Donna Lisa) fu presentata in concorso a Roma nel 1955.

Nel 1956, fu finalmente autorizzata ad emigrare negli USA.

Non potendo portare tutti i suoi gatti con sè, dovette sceglierne tre di loro e trovare un focolare per gli altri. E' così che Baba, Jojo e Liza partirono alla conquista degli Stati Uniti.

Una volta installatasi, Nathalie Troubetzkoï continuò a darsi da fare per far conoscere i gatti d'Egitto, esporli ed a farli riconoscere come razza sotto il nome di mau egiziano.

Creò il suo allevamento col nome di gatteria di Fatima. Nel 1957 Baba fu la prima della razza ad essere incoronata campionessa. Tutti i mau d'allevamento discendono dai mau della principessa.

Photo Didier Hallépée

Allevare una razza partendo da tre soggetti originali non è cosa facile. E così, per numerosi anni, l'allevamento del mau egiziano è stato naturalmente fonte di preoccupazione a causa dei problemi di consanguineità malgrado alcuni apporti esterni.

Per risolvere definitivamente i problemi di consanguineità, Didier e Marie-Christine Hallépée hanno reintrodotto dei soggetti provenienti direttamente dal Cairo: Sahourê, Otta e Maslama, cosa che ha permesso di conservare la bellezza naturale e la personalità avvincente del mau dandogli nel contempo una robustezza ed una salute a tutta prova. Tutte le discendenze presenti in Francia beneficiano di questi apporti che si ritrovano egualmente in quelle, numerose, straniere.

A partire dagli anni cinquanta, i britannici sono stati sedotti dai Mau. Limitati nella loro importazione dalla quarantena, tentarono di "ricreare" la razza partendo da ibridi di gatti abissini, soriani e siamesi. All'inizio, questi gatti furono chiamati mau, ma hanno finito per essere riconosciuti come una varietà orientale specifica: l'Oriental spotted tabby.

E' a seguito di cio' che in alcuni testi mal informati si legge a volte che il mau discende dal siamese e che la sua morfologia gli assomiglia. Certe inesattezze stentano a morire...

Photo Didier Hallépée

Carattere

Il mau egiziano è sovente qualificato di gatto-cane. E' un vero e proprio "barattolo di colla". Appicciato com'è al padrone, non esita a seguirvi, ovunque andiate per casa, nel corso delle vostre attività.

La prima colazione è un momento importante per il gatto mau: dopo la lunga notte, voi siete infatti finalmente disponibili per la tanto attesa seduta di coccole. Questa adorabile canaglia s'arrampicherà sulle vostre ginocchia, strofinandosi contro il vostro braccio, che tenterà invano di controllare la traiettoria di una tazza di caffè, ben calda!

La sera, davanti al televisore, vi accorgerete che si è rannicchiato ed addormentato sulle vostre ginocchia senza che ve ne siate nemmeno accorti! Spesso, vi guarda, e nel suo sguardo sa passare tanti messaggi. Non miagola forte, ma modula la propria voce e riesce ad esprimere tante cose.

Certe discendenze sono più timorose d'altre. Questi gatti timidi tendono a fuggire da coloro che non riconoscono come appartenenti alla famiglia. Sono spesso quelli che abitano con una sola persona. Appena giunge un visitatore, cambiano di stanza o si rifugiano sotto un mobile. Hanno paura dei grandi spazi, e preferiscono un piccolo ambiente, più rassicurante.

Ed è durante la calma serale che anche i più timidi vengono sul letto per farsi accarezzare.

I mau non sono infatti gatti nati per destare l'ammirazione dei visitatori, ma per dare un affetto sincero a quelli che hanno la pazienza di meritarselo.

Se lo compariamo al gatto abissino, il mau è un gatto che non crea grossi problemi in cucina! Siamo giusti: non tutti i mau sono golosi. Ma una parte non trascurabile è attenta a ciò che accade in cucina, pronta a prendere qualche rischio per migliorare la dieta.

Photo Didier Hallépée

Un mau non è una peluche! Quando gioca o quando vuole sfuggirvi (no, mamma, non mi darai le medicine!), è quasi impossibile prenderlo. Sotto il ventre, c'è un pezzo di pelle che penzola: sono delle pieghe ventrali dette "gousset".

Queste gli permettono di distendersi quando corre o salta. Può così compiere balzi di due metri o correre a più di 50 km/h.

Ebbene, non proprio tutti ... quando le pieghe scompaiono perché la pancia è piena il gatto perde di agilità ...

In ogni caso, sia che si tratti di un gatto molto affettuoso, un po' timido o semi-selvaggio (come quelli che vivono liberi in Egitto), il mau ha una personalità molto forte.

Tra voi e lui s'instaurerà una relazione particolare, mista d'affetto e rispetto. Impossibile ignorarlo od ignorare i suoi desideri. Un mau che cerca coccole, non si arrende finché non le ha.

Quello che vuole è il rispetto della sua tranquillità. Riuscirà a convincervi che avete il diritto d'avvicinarlo, parlargli, avere con lui un approccio personalizzato, ma non di toccarlo, ed assumerà un'aria indignata quando lo statu quo non sarà rispettato.

Quanto a colei che ha scelto di amarvi sopra tutto, quando viene l'ora delle cure che lei detesta, saprà dibattersi, urlare, far vedere che potrebbe difendersi ... ma eviterà di farvi il minimo male!

C'è pure il piccolo selvaggio nato in Egitto, ma che ha saputo adottarvi. La sua presenza ed il suo affetto sono tali che bisogna fare uno sforzo per ricordarsi che non si può tenerlo in braccio. E poi c'è il saggio: la sua personalità è tranquillizzante. Si strofina contro gatti, cani ed umani, e calma gli agitati. Il gatto, si sa, è un animale espressivo con una forte personalità. E queste doti sono particolarmente evidenti nel mau.

Photo Didier Hallépée

Standard

Il Mau Egiziano è una razza di gatto domestico naturalmente maculata.

Un gatto, di dimensioni medie, che unisce potenza ad eleganza, e colpisce per il sorprendente contrasto del manto, corto e lucido, e per lo sguardo espessivo, verde luminoso.

La testa, di media taglia, forma un triangolo dai contorni addolciti senza zone piane. Viste di fronte, le guance sono piatte, eccetto i maschi, dove le guance cascanti sono accettate. Il naso ha una larghezza uguale per tutta la sua lunghezza.

Di profilo, la fronte è leggermente arrotondata e prolungata da una leggera pendenza concava al livello degli occhi. Il naso è diritto. Né corto né lungo, il muso, tutto a curve dolci, completa il triangolo della testa. Il mento è solido, né sporgente né rientrante.

Gli occhi sono grandi, a mandorla e ben aperti, con una disposizione leggermente obliqua, senza pertanto essere orientale. Il loro colore ideale è il "verde uva spina".

Photo Didier Hallépée

Di taglia media o grande, le orecchie sono larghe alla base, arrotondate sulla punta e poste alquanto spaziate sul prolungamento delle linee formate dalla testa. Viste di profilo, sono disposte abbastanza all'indietro.

L'esterno delle orecchie è coperto da una pelliccia molto corta, mentre l'interno, rosa pallido, pare quasi trasparente. Dei ciuffetti di pelo all'apice sono accettati.

L'incollatura è arcuata, ben marcata.

Di tipo semi-foreign, il corpo, di taglia media, è un'armoniosa sintesi di potenza ed eleganza.

Le spalle sono sporgenti, e s'indovina facilmente la loro angolazione.

La muscolatura è ben sviluppata, sopratutto nei maschi adulti, che possono essere più tarchiati delle femmine.

Pieghe ventrali caratteristiche, dette "gousset", si estendono fino agli arti posteriori.

Di taglia media, le zampe hanno un'ossatura moderata ed una forte muscolatura.

Le zampe posteriori, più alte di quelle anteriori, danno un equilibrio particolare al Mau Egiziano che, quando è ritto, sembra tenersi sulla punta dei piedi.

Piccoli e delicati, i piedi sono leggermente ovali, quasi rotondi.

Di media taglia, la coda è alquanto spessa alla base per poi affilarsi verso l'estremità.

Il manto, corto, appiattito sul corpo, deve comunque avere una lunghezza sufficiente perché ciascun pelo (nelle zone macchiettate) presenti almeno quattro bande alternate, chiare e scure.

Nei mau argento e bronzo, è dolce ed elastico al tatto. Nei nerofumo e nei neri, è più fine e sericeo.

Photo Didier Hallépée

Soltanto il patron spotted tabby è accettato. Dev'esserci un buon contrasto tra le macchie e il colore pallido di fondo del mantello.

La fronte presenta una M caratteristica disegnata sul mantello, e l'occhio, il tipico trucco egiziano. Una seconda linea, posta sotto il trucco, sfuma verso l'orecchia.

Delle linee diritte ben distinte partono dalla M sul cranio, passano per il collo e si trasformano in macchie ben allineate sulla colonna vertebrale.

I segni sono più estesi sulle spalle, per fare la transizione tra le linee e le macchie. Il resto del corpo è ricoperto da macchie di taglia e forma variabili, ma mai allineate, per non richiamare il motivo mackerel tabby. Il collo è ornato di almeno un collare aperto ed il ventre presenta delle macchie disposte a "bottoni da gilet".

Le zampe presentano degli anelli spessi, che possono essere ineguali ed aperti. La coda è ad anelli, con la punta nera salvo che nel bronzeo, dove la cima può andare dal marron scuro al nero.

Mantello

Argento
Base argentata, pallida e luminosa, in contrasto con le macchie nere. Il retro delle orecchie è rosa grigiastro con punti neri. Il naso, le labbra e gli occhi sono sottolineati di nero. La gola, il mento e le narici sono argentee, quasi bianche. Il tartufo è rosso mattone. I cuscinetti sono neri con del nero attorno alle dita e sui talloni.

Bronzo
Base bronzea, brillante, si degrada dal camoscio all'avorio sotto il ventre, più scura sul treno posteriore e contrastante con macchie nere o marron scure. E' accettato un sottopelo grigio. Il retro delle orecchie è rosa fulvo con punti da marron scuro a neri. La gola, il mento e le narici vanno dal bianco crema al beige. Il tartufo è rosso mattone. I cuscinetti sono da marron scuro a nero con lo stesso colore tra le dita ed il retro delle zampe posteriori. Secondo gli standard, il mau egiziano bronzeo puo' presentare una tinta più o meno ramata.

Nerofumo
Benchè non acuto, il colore nerofumo nel mau egiziano deve chiaramente lasciare esprimersi il patron spotted tabby (segni fantasma). La base del pelo è argento luminoso per un quarto della lunghezza, i tre quarti restanti sono grigio antracite. Le macchie colorate sui tre quarti del pelo sono nere e contrastano cosi' col resto del manto. La gola, il mento e le narici sono più chiari. Il naso, le labbra e gli occhi sono sottolineati di nero. Il tartufo ed i cuscinetti sono neri con del nero attorno alle dita e sul retro delle zampe posteriori.

Nero
Anche se non di colore agouti, il colore nero del mau egiziano puo' lasciar intravvedere il patron spotted tabby (segni fantasma). Il pelo è brillante su tutta la lunghezza.

Blu
Il colore blu è riconosciuto unicamente in CFA nelle sue quattro varietà (blue silver, blue self, blue smoke blue solid).

Shirazi
Il mau a pelo lungo, allevato col nome di shirazi, non è riconosciuto.

BLU DI RUSSIA & NEBELUNG

Photo Ruskis

Storia

Il Gatto di Russia è ugualmente conosciuto col nome di Blu Russo, Blue di Arkhangelsk o di Gatto Maltese.

I primi soggetti conosciuti in Inghilterra sono giunti in Gran Bretagna in provenienti da Arkhangelsk, in Russia, da cui i nomi di Gatto di Arkhangelsk, Arcangelo of di Arcangelo Blu che ricevettero all'epoca. Alcuni di loro vennero esposti alla prima esposizione felina, a Crystal

Palace nel 1871, in una classe consacrata ai gatti blu. Da questa esposizione si poterono vedere soggetti a pelo lungo.

Secondo alcune ipotesi, questo gatto sarebbe originario del bacino mediterraneo, come lo Chartreux. Da là, sarebbe risalito per l'est verso la Russia, ove era apprezzato come animale di compagnia e cacciato per la sua pelliccia calda, e per l'ovest, verso Malta e la Spagna, ciò che gli ha valso il soprannome di Gatto di Malta or Gatto Spagnolo Blu. È d'altronde col nome di Gatto di Malta che è apparso in Francia nel 1925.

La razza prese il nome di Blu Russo nel 1939.

Con la seconda guerra mondiale, l'allevamento del Gatto Russo sparì quasi completamente dall'Europa. Dal suo canto, la sua varietà a pelo lungo fu praticamente dimenticata.

L'allevamento del Blu Russo riapparve negli anni 60 laddove degli incroci col Siamese furono provati prima che questo incrocio non venisse proibito nel 1965 e che la razza si stabilizzasse. È così che negli anni sessanta la razza divenne popolare negli Stati Uniti.

Nel 1984, negli USA, Sarah Cobb ricreò la varietà a pelo semi-kungo del Blu Russo che prese il nome di Nibelungo (creatore della bruma). Degli scambi con la Russia permisero di arricchire il pool genetico. In più, si verificò in seguito che i rarissimi Blu Russi erano portatori del gene recessivo responsabile del pelo semi-lungo, cosa che costituì egualmente un apporto prezioso.

Finalmente, gli amatori dell'imprevisto riuscirono a far riconoscere il Blu Russo di color nero ed il Blu Russo di color bianco. Di passaggio, la razza fu ribattezzata Russa, il nome di Blu Russo rimase riservato ai soggetti di colore blu.

Carattere

Il Blu Russo è caratterizzato dal suo manto spesso e fioccoso di colore blu argentato e dai suoi occhi verdi.

Il gatto Russo è di viva intelligenza, molto tenero, giocoso, calmo e discreto con un miagolio dolce e melodioso. È molto affezionato al suo padrone col quale può vivere una vera e propria storia d'amore. È un compagno affascinante, attento e socievole con gli altri animali, sovente timido con gli estranei.

È un gatto timido che ama conforto e tranquillità ed ha bisogno di un ambiente calmo e sereno. Dunque, quando esposto, ha bisogno di essere rassicurato.

Adora giocare, attivo quando vuole, ma mai agitato. Il maschio si interessa dei propri gattini ed a volte dà il cambio alla compagna nel sorvegliarli.

Photo Wikipedia

Standard

I contorni della testa sono formati da sette facce piane che sono: dal disopra del cranio alla fronte; dalla fronte sino alla punta del naso, che di profilo forma una linea retta; dalla punta del naso alla punta del mento; due facce simmetriche da ciascun lato del muso; due facce simmetriche formate dagli zigomi alti e larghi. Triangolare quando vista di fronte, la testa è particolarmente larga al livello degli occhi.

Con i suoi contorni arrotondati, per contro, il muso, alquanto corto e senza pinch, prolunga il triangolo della testa. Gli angoli leggermente rialzati della bocca gli conferiscono un'espressione dolce, quasi sorridente.

A forma di noce, gli occhi sono abbastanza grandi e ben spaziati. Negli adulti, il colore è verde il più intenso possibile.

Tanto alte che larghe alla base, le orecchie sono distanziate della larghezza di una orecchia. Ricoperte di peli corti e fini all'esterno, sono fornite di peli più lunghi sulla metà della superficie interna.

Lunga e fine, l'incollatura appare più pesante di quanto in realtà non sia in ragione della densità della pelliccia.

Di formato foreign, il corpo è lungo ed elegante. Ben muscoloso e senza alcuna pesantezza, può sembrare più robusto di quanto non sia in realtà, in ragione della densità della pelliccia, sopratutto nel Nibelungo. L'ossatura è fine e la muscolatura potente.

Lunghe e fini, le zampe sono proporzionate al corpo. I piedi sono piccoli ed alquanto rotondi.

Piuttosto spessa alla base, la coda è di media lunghezza, e va sino alla base delle scapole. Nel Russo, la coda va affinandosi sino ad una estremità appuntita. Nel Nibelungo, è ben fornita.

Nel Russo, il pelame è corto, fine e dolce, doppio e denso in ragione dell'importanza del suo sottopelo.

Nel Nibelungo: il pelame è di lunghezza media, composto di un sottopelo abbastanza fine ricoperto di pelo di guardia più spesso. I maschi hanno sovente un bel collaretto che invece è più discreto che nelle femmine.

Sono augurabili delle culotte come pure dei leggeri pennacchi nella parte posteriore delle orecchie.

Incroci autorizzati

Russo x Russo
Russo (Blu unicamente) x Nibelungo
Nibelungo x Nibelungo

Mantello

Russo: blu, nero, bianco
Nibelungo : blu

Blu

Manto di un blu uniforme e luminoso, con preferenza per le tonalità chiare. L'estremità dei peli di guardia ha una colorazione argentea che dà alla pelliccia un aspetto brillante, come fosse cosparso di argento. Il tartufo è grigio carbone ed i cuscinetti lilla scuro.

Bianco

Manto bianco con riflessi argentei. Il tartufo ed i cuscinetti sono rosa.

Nero

Manto brillante nero carbone sino alla radice. Il tartufo ed i cuscinetti sono neri o marron scuro.

SCOTTISH & HIGHLAND

Photo Steve Jurvetson

Storia

Lo Scottish Fold è caratterizzato dalle orecchie piegate (fold). La varietà dalle orecchie diritte è chiamata Scottish Straight.

La mutazione spontanea responsabile delle orecchie piegate è comparsa nel 1961 in gatti di fattoria scozzesi. Fu scoperta da William e Mary Ross che coltivarono questa particolarità genetica e diedero nascita alla razza degli Scottish Folds.

Nel corso degli incroci, apparvero soggetti a pelo semilungo. Questa varietà fu chiamata Scottish Fold Longhair, Highland Fold o Coupari.

La razza fu riconosciuta nel 1971.

Carattere

Il ripiegamento delle orecchie è dovuto ad un gene dominante FD, la cui azione è probabilmente connessa alla presenza di poligeni.

L'azione del gene FD è poco conosciuta. Si evidenzia probabilmente con modificazioni della struttura ossea a livello di cartilagine.

Questa risulta a livello di orecchie con una struttura cartilagineosa non sufficiente per far sì che queste possano tenersi erette.

L'azione del gene FD è più o meno pronunciata e sfocia in orecchie più o meno piegate. Si distingue pure:
- il Single Fold (inizialmente, Loose Fold) – possiede orecchie che si piegano a partire dal mezzo
- ala doppia piegatura, più apprezzata in concorso, che ha le orecchie completamente appiattite sulla testa.

Nei gatti omozigoti (FDFD), l'azione del gene comporta deformazioni ossee invalidanti. Perciò gli standard proibiscono le unioni di due Folds fra loro.

Così, il genotipo dello Scottish Fold è FDfd e quello dello Scottish Straight è fdfd. Poichè lo Scottish Fold è stato fissato essenzialmente con dei British, ne condivide il carattere.

Standard

La testa è larga con contorni ben arrotondati, quale che sia l'angolazione dalla quale la si guardi. Le guance sono piene, il cranio è arrotondato e discende con una una curva leggermente concava. Il naso è corto e largo. I maschi hanno delle guance cascanti potenti.

Visto sia di fronte che di profilo, il muso si inscrive in un cerchio ben definito con dei cuscinetti pieni e fermi. Il naso ed il bordo del naso sono diritti. La punta del naso è piazzata nell'allineamento del mento che è ben fermo.

Rotondi, grandi e ben aperti, gli occhi sono ben scartati uno dall'altro, il che accentua ancor più la larghezza del naso. Il colore deve essere uniforme ed in accordo con quello del manto. Si preferiscono le tonalità più intense e brillanti.

Larghe alla base, le orecchie sono da medie a piccole, arrotondate all'estremità e poste ben spaziate tra loro in modo da rispettare la rotondità della testa.

Nei Folds, le orecchie sono piegate ("fold") verso l'avanti a possono essere a semplice o doppia piegatura. Le orecchie piccole e ben piegate sono preferite a quelle più grandi con le pieghe sciolte.

Negli Straight, le orecchie sono diritte.

Solida e muscolosa, l'incollatura è molto corta al punto di sembrare assente.

Di formato semi-cobby, il corpo è largo, spesso, muscoloso e ben rotondo. L'ossatura è robusta e la muscolatura possente. La taglia è da media a grande. I quarti posteriori devono essere soffici al tatto.

Medie, le zampe sono leggermente meno alte della lunghezza del corpo. L' ossatura è robusta e la muscolatura potente. Un'attenzione particolare deve essere portata sulla loro mobilità, che deve essere simile a quella delle altre razze.

I piedi sono rotondi e fermi.

Spessa alla base, la coda è da media a lunga. Si affina leggermente sino alla punta arrotondata. Flessibile e soffice, non deve avere alcuna rigidità. Negli Highlands, la coda deve essere abbondante ed a pennacchio.

Negli Scottish, la pelliccia è corta, densa, ferma ed eretta al punto di aprirsi sull'incollatura allorchè il gatto gira la testa. La si può comparare ai peli di un tappeto di lana. Possiede un sottopelo spesso e dà l'impressione di una buona protezione naturale.

Negli Highlands, il pelame è semilungo, setoso, con uno sottopelo spesso. Il collaretto ed i posteriori ne sono ben forrniti.

Incroci autorizzati

Scottish Fold x British Shorthair
Scottish Fold x British Longhair
Scottish Fold x Scottish Straight
Scottish Fold x Highland Straight

Scottish Straight x British Shorthair
Scottish Straight x British Longhair
Scottish Straight x Scottish Straight
Highland Fold x British Shorthair
Highland Fold x British Longhair
Highland Fold x Highland Straigh
Highland Fold x Scottish Straight
Highland Straight x British Shorthair
Highland Straight x British Longhair
Highland Straight x Highland Straight

Le unioni tra Folds sono strettamente proibite.

Gli Scottish Fold e gli Scottish Straight (rispettivamente Highland Fold e Highland Straight) concorrono nella stessa classe.

Mantello

Tutti i colori.

SIAMESE, ORIENTAL, BALINAIS, MANDARIN

Photo Karin Langner-Bahmann

Storia del siamese

Si narra che la storia del gatto domestico affondi le proprie origini nell'antico Egitto e che, seguendo la Via della Seta, questo giunse in Asia e vi si installò.

Cosi', quando i francesi e i britannici conquistarono l'Asia sud-orientale, era già di casa da molto tempo. Nel Siam, era il gatto sacro della famiglia reale.

Il korat era molto apprezzato alla corte reale del Siam.

Nel 1884, il re Rama V fece dono di un Siamese al console generale del Regno Unito, Edward Blencowe Gould, facendogli credere che questo gatto era l'emblema del Siam, al fine di conservare al proprio regno l'esclusività del prezioso korat.

Questi gatti furono chiamati Siamesi e vennero esposti al Crystal Palace nel 1885.

L'impulso era stato dato e nelle annate che seguirono numerosi gatti furono portati dal Siam e divennero la culla del Siamese in Gran Bretagna.

In Francia, Aguste Pavie diede inizio al movimento portando con sè, pure lui, nel 1885, dei gatti Siamesi. Dal 1890, il Siamese trovò il cammino degli Stati Uniti. Da allora il Siam è divenuto Tailandia, ma il Siamese mantiene per noi il ricordo di quell'epoca.

Photo Natasha Winborn

Il primo standard della razza fu pubblicato nel 1892 dal GCCF ed i primi clubs furono creati a partire dal 1901.

All'origine, il vero gatto Siamese presenta una testa rotonda, il corpo è robusto e la muscolatura è atletica. Il pelo è corto e chiaro con estremità (testa, zampe e coda) scure.

È questa differenza di tinta tra il corpo e le estremità che affascinò i suoi primi amatori e caratterizzò la razza al punto di dare il nome di Siamese al gene che è responsabile di questa colorazione.

Molti di noi l'hanno scoperto al cinema grazie al cartone animato di Walt Disney, Lilli e il vagabondo (1955), adattato da un lavoro di Ward Greene, Happy Dan, the Whistling Dog (1937).

Orientale

Il Siamese diventa molto popolare negli anni '50. Il suo fisico si affina a misura che si evolve il gusto dei suoi allevatori e vengono creati numerosi colori.

Il Siamese darà così vita a tutta una famiglia di gatti dalle estremità colorate: gli Orientali.

Balinese e Mandarino

Photo Mirjam Kessler

Una tale bellezza ha sedotto pure gli amanti del pelo semi-lungo. E' così che sono nati il Balinese, varietà a pelo semi-lungo di Siamese ed il Mandarino, varietà a pelo semi-lungo dell'Orientale.

Thai

Ai giorni nostri, Siamesi ed Orientali sono dei gatti longilinei ed allungati, con le zampe fini e con quelle posteriori leggermente più alte delle anteriori. Il Siamese d'altri tempi, quello dalla faccia alquanto arrotondata, è stato ribattezzato col nome di Thaï.

Carattere

A parte la bellezza, ciò che colpisce di più nel Siamese (e le varietà che ne sono derivate), è il carattere esclusivo che ne fa un compagno felino privilegiato. Si dice che colui che non ha mai vissuto con un siamese non conosce veramente l'anima felina.

Il Siamese, l'Orientale, il Balinese ed il Mandarino sono gatti longilinei, eleganti, svelti e ben muscolosi. Combinando armoniosamente una ossatura delicata ed una muscolatura soffice e ferma, essi sono gatti atletici con linee fluide.

Questi gatti devono essere perfettamente equilibrati, l'armonia generale non deve essere alterata dalla presenza di una caratteristica morfologica estrema isolata.

Dotati di una forte personalità, sono vivaci e chiassosi.

Standard

Vista di fronte, la testa, di media taglia, è lunga e triangolare. Il cranio e la fronte sono piatti o leggermente arrotondati.

Vengono accettati tre tipi di profilo: perfettamente diritto, leggermente convesso o a due piani, col piano frontale che prolunga senza interruzione il quello del naso.

Le guance sono piatte. Guance cascanti sono autorizzate nei maschi adulti.

Visto di fronte, il naso si inscrive nel triangolo della testa, senza pinch. L'estremità del naso non deve essere stretta.

Di profilo, il naso è lungo e diritto. Le mascelle sono medie. Il mento è fermo, in linea colla punta del naso.

Di media taglia, gli occhi sono di forma orientale. A mandorla e ben spaziati, sono inclinati verso il naso in armonia col triangolo della testa. Il colore degli occhi è blu, il più intenso possibile, nel Siamese ed il Balinese, e verde, sempre il più intenso possibile, nell'Orientale ed il Mandarino. Gli occhi spaiati (verde e blu) sono accettati nei parti-color. Gli occhi spaiati e gli occhi blu sono accettati negli Orientali bianchi.

Grandi, larghe alla base, ben spaziate, le orecchie prolungano il triangolo della testa.

Lunga, fine ed elegante, l'incollatura stacca bene la testa dalle spalle.

Di tipo orientale e di taglia media, il corpo è lungo, tubolare e fermo. Si rivela di una densità stupefacente quando manipolato.

E' atletico e slanciato con una muscolatura ferma e soffice. Le spalle e le anche sono della stessa larghezza. L'ossatura è fine.

La coda è in armonia con la lunghezza del corpo e l'altezza delle zampe.
Siamese ed Orientale: a forma di frusta, la coda, lunga e fine, termina a punta.
Balinese e Mandarino: lunga e fine, la coda è abbondante e portata con leggerezza come fosse una piuma di struzzo.

Lunghe ed eleganti, le zampe sono in armonia con la lunghezza del corpo. La loro ossatura è fine e la loro muscolatura ferma.

I piedi sono ovali e piccoli.

Nel Siamese e nell'Orientale, il pelo, molto corto, fitto e lucido, è ben allungato sul corpo. La trama è fine e sericea.

Nel Balinese ed il Mandarino, il pelo, semi-lungo e fine, è sericeo e coricato lungo il corpo. Non c'è praticamente sottopelo. Il pelo è più corto sulle spalle e si allunga sui fianchi. Il posteriore e la coda sono ben abbondanti. Non deve avere collaretto.

Nè grasso nè magro, la sua finezza non deve essere confusa con la magrezza.

Incroci autorizzati

Siamese x Siamese
Siamese x Balinese
Siamese x Orientale
Siamese x Mandarino
Balinese x Balinese
Balinese x Orientale
Balinese x Mandarino
Orientale x Orientale
Orientale x Mandarino
Mandarino x Mandarino

Mantello

Il Siamese
Pelo corto, colourpoint.

L'Orientale
Pelo corto, interamente colorato.

Il Balinese
Pelo semilungo, colourpoint.

Il Mandarino
Pelo semilungo, interamente colorato.

Il Siamese ed il Balinese sono dei colorpoint. Vi deve pertanto essere un netto contrasto tra il colore dei punti, che è il più omogeneo possibile, ed il colore del corpo che è uniforme.

L'assenza di marche fantasma è augurabile, con comunque una tolleranza nei gatti tabby.

Si deve tener conto dell'effetto dell'età e del colore di base sull'evoluzione del motivo colorpoint: i punti sono sovente sviluppati non completamente nei gattini, sopratutto nelle tinte diluite, mentre delle ombre più scure sul corpo di un gatto maturo sono normali.

TABLE DES MATIÈRES

CLASSIFICAZIONE DEI GATTI DI RAZZA	**9**
Le categorie	**9**
La nozione di razza	**11**
La definizione di razza	**14**
Le varietà	**15**
L'elenco delle razze	**17**
Categoria a pelo lungo	*17*
Categoria a pelo semilungo	*18*
Categoria a pelo corto	*19*
Razze corrispondenti	*22*
A – CATEGORIA A PELO LUNGO	**23**
PERSIANO & EXOTIC SHORTHAIR	**24**
Storia	**24**
Carattere	**25**
Standard	**26**
Varietà a pelo corto	*27*
Incroci autorizzati	*28*
Mantello	*28*
B –RAZZE ESCLUSIVAMENTE A PELO SEMILUNGO	**31**
ANGORA TURCO	**32**
Storia	**32**
Carattere	**34**
Standard	**35**
Mantello	*37*

MAINE COON — 39

Storia — 39

Carattere — 40

Standard — 41
Mantello — *42*

NORVEGESE — 43

Storia — 43

Carattere — 44

Standard — 45
Mantello — *46*

GATTO SACRO BIRMANO — 47

Storia — 47

Carattere — 48

Standard — 49
Mantello — *50*

SIBERIANO — 51

Storia — 51

Carattere — 52

Standard — 53
Mantello — *54*

TURCO DEL LAGO DI VAN — 55

Storia — 55

Carattere — 56

Standard — 57
Mantello — *58*

YORK CHOCOLATE — 60

Storia	60
Carattere	61
Standard	61
Mantello	62
C – RAZZE A VOLTE CON PELO SEMILUNGO ED CORTO	63
AMERICAN BOBTAIL	64
Storia	64
Carattere	64
Standard	65
Incroci autorizzati	66
Mantello	66
AMERICAN CURL	67
Storia	67
Carattere	68
Standard	68
Incroci autorizzati	69
Mantello	70
BRITISH	71
Storia	71
Carattere	72
Standard	72
Incroci autorizzati	74
Mantello	74
BOBTAIL GIAPPONESE	75
Storia	75
Carattere	76

Standard	76
Incroci autorizzati	*77*
Mantello	*77*
KURILIAN BOBTAIL	**78**
Storia	**78**
Carattere	**78**
Standard	**79**
Incroci autorizzati	*79*
Mantello	*79*
LAPERM	**80**
Storia	**80**
Carattere	**81**
Standard	**81**
Incroci autorizzati	*82*
Mantello	*82*
MUNCHKIN	**83**
Storia	**83**
Carattere	**83**
Standard	**84**
Incroci autorizzati	*85*
Mantello	*85*
PIXIE BOB	**86**
Storia	**86**
Carattere	**87**
Standard	**87**
Incroci autorizzati	*89*
Mantello	*89*

SELKIRK	90
Storia	90
Carattere	91
Standard	91
Incroci autorizzati	*93*
Mantello	*93*
TONCHINESE	94
Storia	94
Carattere	95
Standard	95
Incroci autorizzati	*96*
Mantello	*96*
D – RAZZE ESCLUSIVAMENTE A PELO CORTO	99
AMERICAN SHORTHAIR	100
Storia	100
Carattere	101
Standard	101
Incroci autorizzati	*102*
Mantello	*102*
AMERICAN WIREHAIR	103
Storia	103
Carattere	103
Standard	104
Incroci autorizzati	*105*
Mantello	*105*
BENGAL	106

Storia	**106**
Carattere	**108**
Standard	**109**
Mantello	*111*
BURMESE AMERICANO & BOMBAY	**112**
Storia	**112**
Carattere	**113**
Standard	**114**
Incroci autorizzati	*115*
Mantello	*115*
CALIFORNIA SPANGLED	**116**
Storia	**116**
Carattere	**116**
Standard	**117**
Mantello	*117*
CEYLAN	**118**
Storia	**118**
Carattere	**119**
Standard	**119**
Mantello	*120*
CERTOSINO	**121**
Storia	**121**
Carattere	**122**
Standard	**122**
Mantello	*123*
CHAUSIE	**124**

Storia	124
Carattere	124
Standard	125
Incroci autorizzati	*126*
Mantello	*126*
DEVON REX	**127**
Storia	127
Carattere	127
Standard	128
Mantello	*129*
DONSKOY	**130**
Storia	130
Carattere	130
Standard	131
Mantello	*132*
GATO EUROPEO	**133**
Storia	133
Carattere	135
Standard	136
Mantello	*137*
GERMAN REX	**138**
Storia	138
Carattere	139
Standard	139
Incroci autorizzati	*140*
Mantello	*140*

HAVANA BROWN — 141
Storia — 141
Carattere — 142
Standard — 142
Mantello — *143*

KORAT — 144
Storia — 144
Carattere — 145
Standard — 145
Mantello — *146*

OCICAT — 147
Storia — 147
Carattere — 148
Standard — 148
Mantello — *149*

PETERBALD — 150
Storia — 150
Carattere — 150
Standard — 151
Incroci autorizzati — *153*
Mantello — *153*

RAGDOLL — 154
Storia — 154
Carattere — 154
Standard — 155
Mantello — *156*

SAVANNAH	**158**
Storia	158
Carattere	159
Standard	160
Incroci autorizzati	*161*
Mantello	*161*
SINGAPURA	**162**
Storia	162
Carattere	163
Standard	163
Mantello	*164*
SNOWSHOE	**165**
Storia	165
Carattere	166
Standard	166
Mantello	*167*
SOKOKE	**168**
Storia	168
Carattere	169
Standard	169
Mantello	*170*
SPHYNX	**171**
Storia	171
Standard	172
Mantello	*173*
THAÏ	**174**

Storia	174
Carattere	175
Standard	175
Mantello	*176*

E – RAZZE CHE HANNO UNA CORRISPONDENZA A PELO CORTO Y PELO SEMILUNGO — 177

Razze corrispondenti	*177*
ABISSINO ED SOMALI	**178**
Storia	178
Carattere	179
Standard	180
Incroci autorizzati	*182*
Mantello	*182*
BURMESE ANGLAIS, ASIAN, BURMILLA & TIFFANY	**184**
Storia	184
Carattere	186
Standard	186
Incroci autorizzati	*188*
Mantello	*188*
CORNISH REX & CALIFORNIAN REX	**189**
Storia	189
Carattere	190
Standard	190
Incroci autorizzati	*192*
Mantello	*192*
MANX & CYMRIC	**193**
Storia	193

Carattere	**194**
Standard	**194**
Incroci autorizzati	*195*
Mantello	*196*
MAU EGIZIANO & SHIRAZI	**197**
Storia	**197**
Carattere	**200**
Standard	**203**
Mantello	*206*
BLU DI RUSSIA & NEBELUNG	**208**
Storia	**208**
Carattere	**209**
Standard	**211**
Incroci autorizzati	*212*
Mantello	*212*
SCOTTISH & HIGHLAND	**213**
Storia	**213**
Carattere	**213**
Standard	**214**
Incroci autorizzati	*215*
Mantello	*216*
SIAMESE, ORIENTAL, BALINAIS, MANDARIN	**217**
Storia del siamese	**217**
Orientale	**219**
Balinese e Mandarino	**219**
Thai	**220**

Carattere	**220**
Standard	**220**
Incroci autorizzati	*222*
Mantello	*222*

Découvrez le mau égyptien et son histoire dans

Le chat mau égyptien
de Didier Hallépée
aux éditions Carrefour du Net

CHAT MAU EGYPTIEN

DIDIER HALLÉPÉE

COLLECTION ARC-EN-CIEL
ANIMAUX

Retrouvez les maus égyptiens et les King Charles dans

Mot à mau
Mau Mews
de Didier Hallépée
aux éditions Carrefour du Net

édition bilingue – bilingual edition

Mot à Mau
Les pensées du chat mau

Didier Hallépée

Collection Arc-en-Ciel
Animaux

Retrouvez les maus égyptiens et les King Charles dans

Pensées Royales Canines
King Barks
de Didier Hallépée
aux éditions Carrefour du Net

édition bilingue – bilingual edition

PENSÉES ROYALES CANINES
LES PENSÉES DU KING CHARLES

Didier Hallépée

COLLECTION ARC-EN-CIEL
ANIMAUX

Et retrouvez ce qu'on dit de nos compagnons dans

CITATIONS ET PROVERBES
CHATS ET CHIENS

Par Didier HALLÉPÉE

Avec l'invention de l'agriculture, l'homme quitte l'état nomade pour devenir sédentaire. Mais en même temps, il attire les rongeurs et avec eux les chats. C'est avec l'invention du silo à grains que commence la domestication du chat en Egypte, il y a environ 4 000 ans.

Lassé de son statut de divinité, le mau égyptien a quitté les terres de ses ancêtres pour conquérir le monde. Chats des rues et chats de race, tous sont ses dignes héritiers.

C'est l'histoire des plus beaux des enfants du chat mau égyptien, les chats de race, que vous retrouverez dans ce livre.

Sa formation polytechnicienne ne le destinait pas à la vie féline. La découverte du plus noble des chats, le chat de maison, a finalement conduit **Didier HALLÉPÉE** sur les chemins de l'élevage. Sa passion pour le mau égyptien ne l'a pas empêché de côtoyer et apprécier toutes ses races plus belles les unes que les autres.

C'est cette passion qu'il nous fait partager aujourd'hui.

Avec l'invention de l'agriculture, l'homme quitte l'état nomade pour devenir sédentaire. Mais en même temps, il attire les rongeurs et avec eux les chats. C'est avec l'invention du silo à grains que commence la domestication du chat en Egypte, il y a environ 4 000 ans.

Lassé de son statut de divinité, le mau égyptien a quitté les terres de ses ancêtres pour conquérir le monde. Chats des rues et chats de race, tous sont ses dignes héritiers.

C'est l'histoire des plus beaux des enfants du chat mau égyptien, les chats de race, que vous retrouverez dans ce livre.

Sa formation polytechnicienne ne le destinait pas à la vie féline. La découverte du plus noble des chats, le chat de maison, a finalement conduit **Didier HALLÉPÉE** sur les chemins de l'élevage. Sa passion pour le mau égyptien ne l'a pas empêché de côtoyer et apprécier toutes ses races plus belles les unes que les autres.

C'est cette passion qu'il nous fait partager aujourd'hui.

www.ingramcontent.com/pod-product-compliance
Lightning Source LLC
Chambersburg PA
CBHW042058290426
44113CB00001B/4